ANNE-MARIE DESSERTINE

DANS LA MÊME COLLECTION

Dr Claude Binet : **Traitements de 130 affections courantes.**
Louis de Brouwer : **L'Art de rester jeune.**
Jean-Luc Darrigol : **Le Miel pour votre santé.**
Jean-Luc Darrigol : **Les Céréales pour votre santé.**
Jean-Luc Darrigol : **Traitements naturels de la constipation.**
Gérard Edde : **Manuel pratique de digitopuncture.**
Gérard Edde : **Les Couleurs pour votre santé.**
Gérard Edde : **Ginseng et plantes toniques.**
Georges Faure : **Les Métaux pour votre santé.**
Louis Faurobert : **Vos enfants en pleine forme !**
Pierre Fluchaire : **Bien dormir pour mieux vivre.**
Henri-Charles Geffroy : **L'Alimentation saine.**
Vincent Gerbe : **Votre potager biologique.**
Vincent Gerbe : **Initiation au végétarisme.**
José Lefort : **Traitements naturels de la douleur.**
Dr Jean Léger : **Hygiène et santé des dents.**
Dr René Lacroix : **Savoir respirer pour mieux vivre.**
Gilles Laissard : **L'Eau pour votre santé.**
Dr Francis Lizon : **L'Homéopathie pour le chien, le chat et le cheval.**
Thierry Loussouarn : **Initiation au Yoga.**
Dr J.-C. Marchina : **Santé et beauté de votre peau.**
Désiré Mérien : **Les Clefs de la nutrition.**
Dr André Passebecq : **L'Argile pour votre santé.**
Dr André Passebecq : **La Santé de vos yeux.**
Dr André Passebecq : **Traitements naturels des affections respiratoires.**
Dr André Passebecq : **Traitements naturels des affections circulatoires.**
Dr André Passebecq : **Rhumatismes et arthrites ; traitements naturels.**
Martine Rigaudier : **330 Recettes végétariennes.**
Dr J.-E. Ruffier : **Gymnastique quotidienne.**
Dr J.-E. Ruffier : **Traité pratique de massage.**
Alain Saury : **Manuel diététique des fruits et légumes.**
Alain Saury : **Des fleurs pour vous guérir.**
Alain Saury : **Les Huiles végétales d'alimentation.**
Alain Saury : **Les Algues, source de vie.**
Jean de Sillé : **Des plantes pour vous guérir.**
Jean de Sillé : **Des aromates pour vous guérir.**

Bien dormir pour mieux vivre

collection
santé naturelle

L'AUTEUR :

Depuis plus de 30 ans, Pierre Fluchaire, né en 1931 et ingénieur de l'Ecole centrale de Paris, se passionne pour les recherches et découvertes effectuées dans le monde entier sur le sommeil et le rêve. Il est le fondateur-animateur du *Club du sommeil et du rêve* qui connaît un développement rapide, démontrant bien l'intérêt grandissant du public vis-à-vis de notre vie nocturne. Ce club, ouvert à tous, fonctionne sous forme de conférences, dialogues, démonstrations, ateliers pratiques, etc. Les participants, en plus d'y réapprendre à dormir, y découvrent maints aspects inconnus de leur vie inconsciente : que sont véritablement les mécanismes du sommeil et des rêves, et comment mettre en œuvre les immenses possibilités psychosomatiques qu'ils recèlent pour une vie plus efficace et plus équilibrée.

En plus de nombreuses conférences et émissions de radio, Pierre Fluchaire a organisé, fin 1981 à Paris, le premier *Congrès grand public du sommeil et du rêve,* réunissant médecins, psychiatres, biologistes, qui a connu un réel succès.

Du même auteur :

La Révolution du sommeil (Robert Laffont).

Pierre FLUCHAIRE
(Président du « Club du sommeil et du rêve »)

Bien dormir pour mieux vivre

Retrouvez, conservez et améliorez votre sommeil par le respect de vos mécanismes biologiques instinctifs et naturels

19e mille

Editions DANGLES
18, rue Lavoisier
45800 ST JEAN DE BRAYE

A Annie, mon épouse, qui m'a tellement aidé par ses idées, sa présence et, quand il le fallait, son absence.

A Mme Jeannette Bouton, cette « *grande dame du sommeil* » qui m'a tellement imprégné de son savoir que je ne sais plus parfois quelles sont ses phrases et quelles sont les miennes.

ISSN : 0180-8818
ISBN : 2-7033-0244-4

Préface

du docteur Paul Chauchard (1)

Ayant consacré ma vie à l'étude des mécanismes cérébraux des états de conscience et tout d'abord au sommeil, j'ai toujours pensé qu'il ne fallait pas en réserver la connaissance aux seuls spécialistes s'occupant de guérir des malades risquant de devenir des cobayes passifs aux mains d'apprentis sorciers, de biocrates, mais que ce devait être la base d'une pédagogie, d'une éthique de la conduite de soi. On comprend donc combien je recommande le beau livre de Pierre Fluchaire, qui va précisément dans ce sens. Cet ingénieur de l'Ecole centrale, organisateur dans cette école du beau congrès théorique et pratique sur le sommeil en 1981, nous propose ici une écologie humaniste dont l'homme d'aujourd'hui a spécialement besoin.

Si notre société occidentale est devenue la société des maladies de la civilisation et du progrès, ces maladies de la fatigue nerveuse (dont l'insomnie et ses conséquences psychosomatiques), c'est que l'on a qualifié de progrès des changements basés sur des idéologies contestables au lieu de se référer aux lois cérébrales de notre équilibre nerveux.

Mais ces lois, les responsables politiques les ignorent et, plus encore, les refusent : la supériorité humaine apparaît comme le refus d'obéir au corps perçu comme une infériorité animale. En attendant que la science nous débarrasse de ce besoin de dormir considéré comme une paresse, une perte de temps, on lui demande de nous permettre de dormir à volonté, c'est-à-dire en suivant nos fantaisies, soit en nous mainte-

1. Directeur honoraire à l'Ecole pratique des hautes études.

nant éveillés par des excitants, soit en nous endormant artificiellement par des hypnotiques. Et c'est ainsi que ces toxicomanies conduisent à une généralisation des insomnies.

Ce n'est pas un esprit rétrograde, mais un spécialiste américain du sommeil, le professeur C. Guilleminault de Stanford, qui écrivait dans *Le Figaro* du 9-1-1974 : « Trop souvent, la phrase classique « *Docteur, je dors mal* » aboutira à la prescription d'un somnifère qui sera inutile ou même dangereux... Les vieilles tisanes de nos grands-mères apparaissent en fait bien mieux adaptées à une réelle amélioration que de nombreuses pilules. »

En lisant et en mettant en pratique cette « Bible du sommeil », avec son « code de la route » et ses « clefs », l'homme d'aujourd'hui comprendra sa responsabilité dans ses insomnies et l'art de les éviter par des moyens simples. Mais ces moyens, il en aura d'abord compris l'efficacité en apprenant simplement les mécanismes cérébraux du sommeil et du rêve, extraordinaire découverte de ces dernières années. L'Occidental qui a tout appris sauf à vivre, se qualifie de « cérébral » intellectuel ou manuel (travail à la chaîne sans créativité) alors que dans la conception d'un cerveau ordinateur coupé du corps, il est un mauvais utilisateur de son cerveau, organe de l'unité psychosomatique et du contrôle de soi.

Bien dormir pour mieux vivre. Le mauvais dormeur n'est pas, en tant qu'énervé, dans une bonne vigilance efficace. Nous vivons dans l'idée fausse que l'attention et la volonté sont un effort contre nature, de tension, pour mater la chair rebelle alors qu'il s'agit d'être présent dans le calme et la paix intérieure à ce que l'on fait, ce que montre aussi bien ce maître du contrôle cérébral, le docteur Vittoz, que la compréhension scientifique moderne des techniques orientales de méditation. Le calme et la relaxation qui conduisent au sommeil, sont d'abord des techniques de bonne vigilance dans l'optimum du fonctionnement cérébral. En réalisant collectivement les conditions d'un bon sommeil naturel adapté à chacun, c'est toute la société que nous remettrons dans le bon sens.

Docteur Paul Chauchard

AVANT-PROPOS

L'intérêt de ce livre

« Le difficile c'est ce qui peut être fait tout de suite, l'impossible ce qui prend un peu plus de temps. »

G. Santayana

Le sommeil occupe le tiers de la vie, mais le sujet du sommeil est très loin d'occuper le tiers de la littérature ! Tous les livres qui en traitent apportent quelque chose et, en en rassemblant un certain nombre, vous pouvez arriver à savoir beaucoup de choses sur le sommeil. Mais vous apprennent-ils aussi à dormir ? Vous aident-ils vraiment à améliorer ou à trouver le sommeil ? A l'évidence, savoir dormir et être très documenté sur le sommeil ne vont pas forcément de pair.

Certains ne savent rien de leur sommeil et dorment très bien, alors que d'autres dorment mal et sont pourtant très documentés sur ce sujet. Cependant, s'intéresser à son sommeil et le mieux connaître est le premier pas. Mais est-ce suffisant ? Il nous est apparu que l'on pouvait apporter beaucoup par un autre regard, une approche nouvelle du sommeil et de l'insomnie.

Ce livre n'est en contradiction, ni même ne va à l'encontre, d'aucune thérapeutique actuelle de l'insomnie. Bien au contraire, il les complète et même, pour certaines, les explique, et nous espérons bien qu'il évitera l'abus actuel évident d'un trop grand nombre de produits chimiques pour traiter l'insomnie.

Les laboratoires eux-mêmes qui fabriquent ces produits, et ceux qui les vendent, y trouveront en définitive leur compte, car c'est seulement l'abus de certains qui a tendance à jeter l'opprobre sur tous ces médicaments dits chimiques, alors que ceux-ci (même les somnifères) sont, dans certains cas, irremplaçables.

Mais nous le savons, tous (y compris les médecins) sont contre l'introduction systématique, excessive, continue, et sans raison valable de produits chimiques dans le corps, surtout lorsque l'on peut faire autrement.

1. A qui s'adresse ce livre ?

Il s'adresse à tous et pas seulement à ceux qui dorment mal ; il s'adresse même à ceux qui dorment bien.

Tout d'abord il faut faire très attention avant de déclarer que l'on est un bon dormeur, car il y a autant de faux bons dormeurs que de faux insomniaques (50 %).

Mais, même s'il est vrai que l'on soit un bon dormeur, **on est un insomniaque en puissance,** car le sommeil est fragile et à la merci des péripéties de la vie ; il suffit quelquefois d'un coup dur physique (maladie par exemple) ou moral (deuil, perte de situation, etc.) pour le détériorer.

Quelquefois, même le bon sommeil disparaît sans raison apparente. Il a, de plus, tendance à se dégrader avec l'âge. Il faut donc faire du préventif. Il faut, par avance, le rendre plus solide.

De plus, même si l'on dort très bien, on peut toujours améliorer son sommeil très sensiblement et tirer de cette amélioration de grands profits, sur tous les plans.

Enfin, le très bon dormeur à 100 % toutes les nuits, en tous lieux et en toutes circonstances, est très exceptionnel.

En réalité, nous sommes pratiquement tous des insomniaques occasionnels, accidentels. Et pourquoi alors ne pas éviter, même si elles sont rares, les nuits d'insomnies et les jours plus ou moins maussades qui les suivent, ne pas essayer de les supprimer et donc de les rendre les uns et les autres plus agréables et plus profitables ?

Mais, mis à part ces bons dormeurs très exceptionnels et les insomniaques, en réalité il en est, pour la grande majorité des humains, vis-à-vis de leur sommeil, comme vis-à-vis de leur santé : ils sont dans un état intermédiaire entre le bon sommeil et l'insomnie, comme ils sont dans un état intermédiaire entre la bonne santé et la maladie (dixit le docteur Alexis Carrel). Le bon sommeil est bien autre chose que l'absence d'insomnie, de la même manière que la bonne santé est bien autre chose que l'absence de maladie.

Donc pratiquement, chacun est concerné et intéressé par ce livre, et nous pensons, aussi objectivement qu'il est possible, qu'il devrait être le livre de chevet de tous, une sorte de bible du sommeil.

2. Qu'apporte-t-il de nouveau dans ce domaine du sommeil ?

> *« Les hommes sont devant les idées simples comme des chauves-souris devant la lumière, ils sont aveugles. »* (Aristote)

Dormir est un instinct, comme se nourrir. L'un et l'autre sont une des formes de l'instinct de conservation, car on ne dort pas seulement parce que c'est agréable, mais pour prolonger sa vie.

Or, nous savons bien que depuis longtemps notre mode de vie a émoussé nos instincts, et pourtant, l'instinct du sommeil est encore très vivant en nous à la naissance. Lorsque nous étions enfants (à de rares exceptions près), nous savions dormir naturellement, comme le savent aussi tous les animaux, mais les conditions de la vie moderne, la pression sociale, notre formation, celle de nos parents et de nos éducateurs, nous ont **désappris** à dormir.

Nous sommes sans cesse soumis à des sollicitations extérieures, tant dans notre travail que dans nos distractions, aussi sommes-nous devenus très superficiels. Nous vivons surtout par nos sens qui sont tous à la surface de nous-même, mais nous avons perdu le contact avec nous-même, il n'y a presque plus cette perception interne de la vie du dedans, la vie profonde, véritable, biologique et même spirituelle. Il n'y a plus cette présence à soi-même, car nous avons appris surtout à **faire** mais pas à **être.** Nous avons, de ce fait, presque rompu la communication avec nous-même.

Pourtant, l'un des rôles principaux de notre cerveau est d'être le véritable poste émetteur d'un certain nombre de messages qui nous sont destinés, par exemple ceux qui nous indiquent l'heure de nos propres rythmes biologiques. Mais ces messages sont devenus pour nous presque inaudibles, et comme nous sommes des éternels distraits, nous ne les entendons et ne les écoutons plus.

Mais notre cerveau est aussi un merveilleux poste récepteur de tous les messages du cosmos. Or nous avons aussi, dans le même temps, rompu la communication avec la nature.

Alors, loin de la nature, loin de la vie en nous-même, nous en transgressons constamment les lois, faute souvent de les connaître et d'en connaître l'importance.

Et c'est cela le péché ! Les yogis disent que la maladie n'est que la conséquence d'un péché physique. Primitivement d'ailleurs, la maladie était considérée comme une punition du ciel. Il en est de même de l'insomnie, lorsque nous transgressons les lois de la nature et en particulier celles de la vie.

Or, c'est précisément ce que nous passons notre temps à faire et nous en sommes punis par l'enfer, non pas dans l'au-delà mais sur terre : par la maladie, la douleur, la souffrance, les conflits intérieurs, extérieurs, individuels ou collectifs et la misère physique et morale qui en découle... et aussi par l'insomnie. Et c'est ainsi également que nous nous sommes nous-même chassé du paradis terrestre.

Prenons l'exemple de cette loi fondamentale des rythmes. Nous ignorons et contrarions nos cycles biologiques, et flanquons ainsi de grands coups de marteau dans les rouages compliqués et délicats de nos horloges intérieures.

La médecine elle-même, qui s'intéresse de plus en plus à la chronobiologie, sait que réside là l'une des principales causes, pour ne pas dire la cause de nos maladies : cette **dysharmonie avec nous-même.**

On a obligé des animaux à vivre à des rythmes qui ne leur convenaient pas, comme l'homme lui, le fait constamment, et ils sont tous tombés malades très rapidement et même sont morts. L'humain est le seul animal à vivre quasiment en permanence à contretemps, à contre rythme, et notamment pour son sommeil ; **il est aussi le seul animal insomniaque.**

Son organisme se révolte parce qu'on l'oblige à ne plus respecter les lois naturelles, les règles biologiques du sommeil. Il conteste et fait la « grève du sommeil ». Cela explique en grande partie l'insomnie pour certains, et le mauvais sommeil pour tous, car on n'échappe pas à cette vérité première que, pour bien dormir, il faut (comme pour tout le reste) respecter les règles élémentaires, les « règles du jeu » du sommeil.

Si vous conduisez une voiture et que vous n'avez pas appris et ne respectez pas les règles de conduite, par exemple si vous conduisez à gauche, vous aurez très rapidement un accident. Eh bien, c'est cela l'insomnie, c'est un accident de parcours du sommeil ! Il faut donc apprendre à conduire son sommeil, passer son permis de conduire sommeil (J. Bouton). Il faut faire un code du sommeil comme il y a un code de la route. Il faut un code de la route du sommeil. Tel est le but de ce livre.

Si beaucoup d'humains dorment mal, c'est parce qu'ils ne respectent pas les règles élémentaires du sommeil. Et ils ne les respectent pas tout simplement parce qu'ils ne les connaissent pas : personne ne les leur a jamais apprises.

Mais, en réalité, il y a pire : on ne s'est pas contenté de nous faire oublier les lois du sommeil, on est allé au-delà et l'on nous a appris des règles erronées dont certaines se transmettent ainsi de génération en génération. Et l'on nous a ainsi, depuis notre plus tendre enfance, inculqué et ressassé une montagne d'idées fausses. Il n'y a pas de domaine où il y ait autant de préjugés, de mythes, de légendes très préjudiciables, que dans celui du sommeil.

Or, il y a des idées plus nocives que des drogues, à tel point que quelqu'un a dit : *« Pour rendre le sommeil, on devrait commencer d'abord par faire une sorte de lavage de cerveau. »*

Est-il nécessaire d'aller jusque-là ? Non, fort heureusement, car cet instinct du bon sommeil, nous ne l'avons en réalité jamais complètement perdu mais seulement oublié. Il faut simplement nous en rafraîchir la mémoire.

Comme le dit le docteur Daniel Frydmann, il s'agit *« de trouver et non pas de retrouver le sommeil »*. Car on a quelquefois du mal à trouver le sommeil, mais on ne le perd jamais. Et puis, toutes ces idées erronées, sources de nombreuses erreurs qui démolissent notre sommeil, on peut les rectifier. Mais comment réaliser tout cela ?

3. Réapprendre à dormir

C'est une méthode naturelle, très efficace. Elle est maintenant possible car, depuis que la science a daigné se pencher sur l'homme endormi (et les animaux endormis), il n'y a guère plus de 25 à 30 ans (ce qui est très peu pour une science), on a fait des découvertes extraordinaires (dont certaines très récentes) et inattendues et qui ont bouleversé tout ce que l'on croyait savoir auparavant.

Certes, on ne sait pas tout sur le sommeil, mais on commence maintenant à en comprendre les grandes lois, à connaître les règles qui le régissent, et pourquoi on se met à s'endormir, puis à rêver, puis à s'éveiller, à se réendormir, à s'éveiller complètement et pourquoi on reste éveillé. On commence à cerner toutes les conditions intérieures et extérieures du bon sommeil et ce qu'il faut éviter pour qu'il ne se détériore.

L'on sait qu'il n'y a pas d'un côté les mauvais dormeurs et de l'autre les bons qui auraient reçu du ciel un don spécial comme on reçoit la beauté, la fortune ou le don des mathématiques. Nous avons tous le don du bon sommeil.

Il y a seulement ceux qui savent dormir, soit d'instinct, soit parce qu'ils l'ont appris, et ceux qui ne savent pas dormir mais qui peuvent le réapprendre, car le sommeil s'apprend comme l'on a appris à marcher et à nager (ce que tous les autres animaux savent en naissant et que l'homme, lui, doit apprendre).

On peut aussi apprendre à dormir, comme on apprend à monter à bicyclette et, si l'on dort bien, améliorer son sommeil comme on peut parfaire n'importe quelle autre de nos facultés. Pour cela il faut mettre les découvertes faites sur le sommeil à la portée de tous, pour mettre le bon sommeil à la portée de tous.

L'on doit, pour le sommeil, pratiquer comme pour la nourriture, cet autre moyen, nous l'avons dit, de conserver la vie car pratiquement plus personne ne sait d'instinct, comme le savent tous les autres animaux (sauf peut-être quelques animaux domestiques), ce qui lui convient ou ne lui convient pas pour se nourrir.

4. La diététique du sommeil

Il faut, pour le sommeil, créer l'équivalent de ce qu'est la diététique pour la nourriture. Il n'est même pas nécessaire d'inventer un nouveau mot qui serait pour le sommeil le correspondant du mot diététique.

En effet, contrairement à ce que l'on croit, le mot diététique ne s'applique pas seulement à la nourriture : ce mot vient du grec *diaita* qui signifie « *genre de vie* » et la *dieta* d'Ambroise Paré ne concerne pas seulement la bonne manière de s'alimenter mais la « *bonne manière de vivre* ».

Ecoutons le docteur Creff, lui-même grand nutritionniste : « *Nous proposons le terme de diétothérapie comme étant l'ensemble des moyens hygiéniques mis en œuvre pour traiter une affection donnée.* » Et donc aussi la diétothérapie de l'insomnie. Et il ajoute : « *Elle peut à elle seule être suffisante pour améliorer, voire guérir l'insomnie. Encore convient-il que le thérapeute prenne le temps, ce n'est pas le plus aisé, de l'expliquer à son malade* (1). »

Eh bien, ici, dans ce livre, nous allons prendre le temps !

« *La diététique permet aux bien portants de conserver la santé et aide ceux qui l'ont perdue à la retrouver* », a dit Hippocrate. Eh bien, cela est vrai au sens large du mot diététique, et vrai pour le sommeil car, en ce sens, elle aide aussi à conserver ou à retrouver le sommeil !

5. Cette méthode est-elle applicable à tous ?

Oui, quels que soient l'âge, la profession, l'instruction, et quelle que soit la cause de l'insomnie. Cela ne veut absolument pas dire d'ailleurs que, dans tous les cas, elle se suffit à elle-même.

Il y a des cas urgents. Il peut y avoir des causes organiques précises à l'insomnie (par exemple la vésicule biliaire), et il faut alors soigner cet organe.

Il est d'ailleurs rare qu'il n'y ait qu'une seule cause à l'insomnie : il y a en général ce que le psychosomaticien Alexander appelle une « *constellation dynamique* », tout un ensemble de phénomènes convergeant

---

1. *Insomnuit,* du Dr Yves Pélicier (Ed. Médica).

vers l'insomnie ; c'est cette convergence qui crée et entretient l'insomnie.

Mais, à l'inverse, il ne faut pas non plus réduire l'insomnie à un simple « *sous-produit* » d'autre chose, à une simple sonnette d'alarme, comme la fièvre ou la fatigue.

Dans tous les cas, la méthode pour réapprendre à dormir est intéressante car, en réalité, tout est lié. Il est souvent très difficile de déceler quelle est la cause et quel est l'effet, et cela est vrai dans tous les domaines.

A l'origine, est-ce le dérèglement de la santé qui a provoqué l'insomnie, ou est-ce l'insomnie qui a déréglé la santé ? Il y a ce que l'on appelle l'effet de rétroaction : en effet, le dérèglement de la santé engendre souvent l'insomnie, et c'est même le sommeil qui est le premier touché, mais ce mauvais sommeil détériorera encore la santé (ne serait-ce qu'en rendant moins résistant), ce qui aggravera encore l'insomnie et ainsi de suite.

Mais peu importe le point de départ ; il est plus important de savoir que s'il est vrai que généralement tout ce qui améliore la santé améliore aussi le sommeil, inversement, tout ce qui améliore le sommeil améliore aussi la santé. L'engrenage, le cercle infernal, tourne alors dans « *l'autre sens* ». Apprendre à dormir améliore le sommeil.

Mais on n'est pas forcément malade parce qu'on dort mal, tout au moins au début. C'est souvent, répétons-le, parce que l'on ne respecte pas les « *règles du jeu* » du sommeil. Par exemple, combien d'insomnies ne sont en réalité que des troubles digestifs ?

Mais même si la cause est ailleurs, on a toujours intérêt à réapprendre à dormir. Par exemple, une femme ayant des insomnies parce que son couple « *dérape* » peut retrouver, avec le sommeil, la force et la lucidité nécessaires pour résoudre son problème. Un homme qui est au chômage (et qui, pour cette raison, ne dort pas bien), si on lui apprend à dormir malgré son angoisse, cela sera bénéfique, non seulement parce que cela l'aidera à supporter sa condition, mais aussi, peut-être, à retrouver du travail.

Cette femme et cet homme ont besoin, plus que tout autre, de respecter les règles du sommeil.

Ajoutons enfin qu'il arrive aussi que l'on ait trouvé et supprimé la cause de l'insomnie, mais que le sommeil ne revienne pas pour autant ; cela est particulièrement vrai si l'insomnie est ancienne. Il faut alors réapprendre véritablement à cette personne à dormir.

6. En quoi consiste réapprendre à dormir ?

« Je ne prépare pas des recettes de cuisine pour les gargottes de l'avenir. » (Karl Marx)

Réapprendre à dormir, cela ne consiste pas à accumuler des recettes, des trucs. Il n'y a pas plus de trucs pour le sommeil qu'il n'y a de trucs pour la vie. Truquer est très voisin de tricher, et puis un truc, cela marche une fois, dix fois, trente fois... après, il faut changer de truc !

Il faut s'attaquer au problème de fond tel que nous l'avons expliqué dans ce préambule. Mais il ne faut pas croire, à l'inverse, que réapprendre à dormir est long, compliqué (comme pour apprendre par exemple le latin ou les mathématiques), ni que ce soit fastidieux.

Il s'agit d'apprendre et de respecter quelques règles simples que nous détaillerons dans la deuxième partie de ce livre intitulée : *Retrouvez votre sommeil.*

Ces règles sont finalement très peu contraignantes ; elles obligent parfois à changer un petit peu certaines habitudes, mais celles-ci sont rapidement remplacées par de nouvelles qui deviennent très vite automatiques. Il faudra aussi balayer quelques idées erronées.

Changer ses habitudes ou ses idées c'est simple en apparence, mais pas toujours facile à mettre en pratique.

Avant d'apprendre ces **règles d'or du bon sommeil,** il faut d'abord savoir comment fonctionne le sommeil, en connaître les principaux mécanismes. Tel sera le sujet de la première partie de ce livre intitulée : *Découvrez votre sommeil,* et vous verrez qu'il est non seulement très utile, mais aussi très distrayant, et même passionnant, d'aller à la découverte de cet univers mystérieux, en explorant une nuit de votre sommeil. Nous avons, pour cela, évité les explications trop détaillées, trop compliquées et sans intérêt réel pour notre but, et aussi écarté les mots savants.

PREMIÈRE PARTIE

Découvrez votre sommeil

CHAPITRE I

Pour changer votre vie, changez votre nuit

Le sommeil occupe une place énorme dans notre vie. En réalité, nous n'en sommes que peu conscients. Il devrait occuper dans notre attention une place de choix, et ce n'est que rarement le cas, peut-être parce qu'il est gratuit (sauf à l'hôtel) comme l'air que nous respirons et auquel nous ne prêtons également pas assez d'attention.

L'exceptionnelle importance du sommeil nous échappe, et pourtant elle est réelle, quel que soit l'angle sous lequel on l'examine, et quels que soient les aspects de notre vie que l'on considère. Il y a un très grand intérêt à améliorer notre sommeil, car cela nous transforme véritablement la vie, comme le propose le titre de ce chapitre. Rappelons que cette devise est valable même pour ceux qui dorment bien, car ils peuvent toujours améliorer sensiblement leur sommeil.

Et, pour ceux qui dorment moins bien, le changement est une véritable « *renaissance* » à la vie.

Nous examinerons tout ce que vous pouvez gagner ou éviter en adoptant ces règles simples que nous avons appelées « *les clés d'or du bon sommeil* ». Vous saurez ainsi quel est l'enjeu, ce que vous pouvez attendre de ce livre et tout ce qu'il peut vous apporter.

1. L'importance quantitative du sommeil

On dit, et cela est devenu presque banal car c'est une phrase que l'on répète sans en mesurer vraiment la portée : « *Le sommeil, c'est le tiers de la vie.* » Cela signifie que nous passons en moyenne presque 25 ans de notre vie à dormir (dont 5 ans à rêver), c'est-à-dire que si l'on groupait ce temps de sommeil, on commencerait à s'éveiller vers l'âge de 25 ans, ou bien on s'arrêterait pour s'endormir jusqu'à la fin, peu après l'âge de 40 ans !

Cela veut dire aussi que l'on passe plus de temps à dormir qu'à travailler, et pourtant on a l'impression que le travail vous remplit la vie.

Une existence, c'est entre 20 000 et 30 000 nuits, c'est plus de 200 000 heures consacrées au sommeil, c'est-à-dire 1 heure sur 3 (1 heure de sommeil pour 2 heures seulement d'éveil).

Cela ne vaut-il pas la peine de rendre toutes ces nuits et tout ce temps beaucoup plus agréables ?

Cela veut dire aussi qu'en permanence un humain sur trois dort, puisque grâce à la rotation de la Terre, il y a toujours du sommeil quelque part sur notre planète, de la même manière *« qu'il y a toujours le printemps quelque part »* ; en permanence donc, plus d'un milliard d'individus dorment, pas toujours les mêmes heureusement.

2. L'importance qualitative du sommeil

C'est la plus remarquable, d'abord parce que bien dormir est l'un des plus grands plaisirs de la vie, alors que l'insomnie s'accompagne d'un vécu désagréable avec des attentes qui paraissent interminables (du sommeil ou du jour tandis que les autres dorment), s'accompagne d'un sommeil agité, peuplé souvent de cauchemars, ou entrecoupé de réveils intempestifs emplis généralement d'idées plutôt noires. On ne va alors plus au lit qu'avec appréhension.

Mais aussi, parce que si le sommeil occupe bien presque le tiers de notre vie, la qualité des deux autres tiers de notre existence, celle des deux autres heures sur trois qui nous restent pour vivre, des quarante et quelques autres années que dure l'éveil, dépend essentiellement de la qualité de notre sommeil.

3. L'importance numérique des mal dormants

Malgré cette extraordinaire importance quantitative et qualitative, s'intéresser au sommeil ou à son sommeil, lire un livre ou écouter un exposé sur ce sujet n'aurait qu'un intérêt purement intellectuel d'information ou de distraction, si tout le monde dormait bien.

Or cela est très loin d'être le cas et on peut presque dire, à la limite et sans vouloir jouer les docteur Knock (dont la boutade est malheureusement de plus en plus vraie), que, sauf cas exceptionnel, plus personne n'a vraiment un bon sommeil.

Savez-vous qu'en moyenne un Français sur quatre environ est insomniaque et cette proportion est de un sur deux pour les citadins, dans toutes les grandes villes et particulièrement Paris et sa banlieue ? Cela ressort d'enquêtes très sérieuses effectuées par des groupements de consommateurs et par l'I.F.O.P. Cela représente plus de 12 millions de Français ! Ce pourcentage et ce nombre augmentent sans cesse.

Notons que ces chiffres ne représentent de toute façon que des approximations, des ordres de grandeur, ne serait-ce que parce que tout dépend de la définition que l'on donne à l'insomnie et à l'insomniaque.

La plus courante est celle-ci : « *Etre insomniaque, c'est avoir un sommeil insuffisant.* » Pour Michel Jouvet, sommité du sommeil à Lyon, l'insomnie est « *un manque relatif de sommeil dont se plaint le sujet* », donc cela englobe même les faux insomniaques. Et pour Alain Besset, psychologue attaché au Centre du sommeil du professeur Passouant, autre sommité du sommeil, à Montpellier : « *Est insomniaque celui qui n'est pas satisfait de son sommeil quelle qu'en ait été la durée, celui qui ne se réveille pas en forme.* »

Mais quelle que soit la signification que l'on attribue au mot insomnie, elle est en France (comme partout ailleurs et de très loin) **l'affection la plus répandue.** C'est elle aussi qui fait probablement le plus de dégâts, et l'on a raison de dire que l'insomnie est le « *mal du siècle* »... c'est pourtant aussi la plus délaissée !

Aussi ne peut-on plus continuer à « *fermer les yeux* » sur ce problème ; il est grand temps de nous « *réveiller* ». Nous sommes allé plusieurs fois faire des exposés sur le sommeil à des étudiants, et notamment à des élèves de grandes écoles.

Nous avons eu chaque fois le cœur serré de penser, non seulement qu'un certain nombre de ceux qui nous écoutaient (presque 1 sur 10) étaient déjà des insomniaques avec tous les ravages que cela occasionne chez un jeune, mais surtout qu'un grand nombre d'entre eux allaient le devenir, et cela dans l'indifférence générale. Car, sur un auditoire de 200 élèves, la moitié soit 100 (les étudiants sont en général de futurs citadins) seront plus tard des insomniaques, alors que l'on pourrait leur éviter cela.

Ne devrait-on pas le faire ? Ne devrait-on pas, pour cela, en appeler, pour eux, à tous ceux qui savent et qui demeurent inactifs ? A tous ceux qui pourraient nous aider et en particulier les responsables de la santé qui ne savent peut-être pas que l'on peut faire quelque chose de simple, de peu coûteux et d'efficace. C'est à tous ceux-là aussi que s'adresse ce livre.

Chaque animal a un problème majeur. Par exemple :
— pour le rat c'est de ronger, sinon les dents lui poussent démesurément ;
— pour l'oiseau c'est de manger ;
— pour l'homme ce sera un jour (comme c'est déjà le cas pour le quart d'entre eux en France) de trouver le sommeil.

Le mythe de l'insomnie réservée à l'intellectuel surmené ou au P.-D.G. écrasé de responsabilité, est faux. Savez-vous que l'ouvrier, le manuel, dort beaucoup moins bien que le cadre supérieur et, contrairement à ce que nous dit la fable de La Fontaine, le savetier dort moins bien que le financier ? Cela s'explique entre autres par des conditions matérielles de sommeil moins bonnes : logements trop bruyants, etc.

Les statistiques montrent également que ceux qui n'ont pas dépassé le certificat d'études ont un plus mauvais sommeil que les anciens de l'université, que l'homme marié dort moins bien que le célibataire, et la femme moins bien que l'homme. A l'âge de 25 ans, il y a deux fois plus de femmes insomniaques que d'hommes, mais à 50 ans il y en a le même nombre.

En réalité, tous, nous sommes souvent en état de carence de sommeil, en état de manque. Nous avons même quelquefois une grosse dette de sommeil car nous avons, comme l'on dit dans le langage populaire, du sommeil « *en retard* ». Nous sommes presque tous devenus des maldormants et la *maldorme* comme la *malbouffe* (livre de Stella et Joël de Rosnay) est devenue le problème de chacun. Mais si pour la nourriture nous péchons par excès, par contre nous manquons de sommeil comme nous manquons de soleil.

Nous avons un sommeil insuffisant et pas seulement en quantité car, comme l'a dit le grand Edison : « *En réalité, nous ne sommes jamais ni complètement endormi la nuit ni complètement éveillé le jour.* »

Il est vrai que l'humain est presque toujours la nuit dans une sorte de demi-sommeil et le jour dans un demi-éveil, qu'il ne goûte plus qu'un sommeil et qu'un éveil superficiels. C'est vrai qu'il est non seulement un mal-dormant mais aussi un mal-veillant.

Aussi le jour cherche-t-il à lutter contre la somnolence à coup d'excitants, et la nuit contre l'insomnie à coup de somnifères, car il y a une certaine torpeur diurne et une agitation nocturne.

Dans la journée, beaucoup sont constamment entre « *deux sommes* » ou entre deux cafés, qui s'endorment pour un rien, partout (dans le train, le bus ou le métro, à l'école ou au bureau, devant la télé ou au cinéma), tandis que la nuit un rien les réveille ou les empêche de s'endormir (une mouche qui passe ou la moindre contrariété).

On dort debout et on veille couché ! Or justement, le gros problème, pour le plus grand nombre, c'est d'être « *mieux endormi la nuit pour être mieux éveillé le jour* ».

Mais l'amélioration de son sommeil et la suppression de l'insomnie n'auraient pas un si grand intérêt s'il ne résultait du sommeil insuffisant de très nombreuses et de très fâcheuses conséquences, que souvent l'on ne soupçonne même pas, et que nous devons maintenant aborder.

4. Les conséquences fâcheuses du sommeil insuffisant

« *Il faut payer le prix de toute chose.* » (Marc Aurèle)

Si nous dormons mal ou même moyennement, les répercussions sont alors innombrables et, par un effet de cumul, elles provoquent des dégâts qui quelquefois peuvent devenir dramatiques. Nous ne mentionnerons ici que les principales conséquences.

Il y a une détérioration sur tous les plans, et tout d'abord :

a) Sur le plan physique

Le manque de sommeil met l'organisme dans un état de moindre résistance aux intoxications de toutes sortes, à l'envahissement microbien, aux intempéries, bref à tous les assauts, à toutes les agressions, et nous savons bien qu'elles sont très nombreuses et très diverses.

Par exemple notre organisme accuse une sensibilité excessive aux rigueurs hivernales (froid et humidité qui provoquent alors les avatars bien connus : rhumes, grippes, maux de gorge, etc., si fréquents) ; les maladies chroniques se développent là où l'insomnie s'installe, car il y a beaucoup moins d'immunité contre ces maladies (le manque de sommeil prédispose aux maladies : il est le contraire de la prévention). Et puis, lorsqu'elles arrivent, il retarde la guérison.

« Dormir c'est guérir », a dit le docteur Liebault. Les maladies sont donc moins bénignes et durent plus longtemps.

D'autre part, savez-vous qu'une série de troubles physiques, dont on a vainement recherché les causes ailleurs, sont directement liés au mauvais sommeil ? C'est le cas de certains troubles cardiaques, digestifs, dermatologiques, hépatiques, circulatoires et naturellement, de beaucoup de troubles nerveux.

Ajoutons également qu'à l'inverse, l'insomnie est quelquefois un signal d'alarme (comme la fièvre par exemple), un avertissement d'une maladie qui se prépare et va se déclarer. Lorsque quelque chose ne va pas sur le plan physique (comme sur le plan psychique d'ailleurs), le sommeil est généralement une des premières fonctions à se dégrader.

Mais, en dehors même de l'aspect pathologique, celui qui dort mal a, presque forcément, au bout d'un certain temps un physique plus ou moins déficient.

Chez les jeunes par exemple, le bon sommeil favorise la croissance, car c'est pendant le sommeil qu'est produite, et agit, l'hormone de croissance, et le mauvais sommeil peut la contrarier. De même, savez-vous que c'est pendant le sommeil qu'a surtout lieu la cicatrisation ? De plus, pour tous, le mauvais sommeil provoque une véritable intoxication cellulaire, notamment au niveau du cerveau.

Il en résulte par exemple une asthénie plus ou moins accentuée. D'ailleurs, il y a changement de la formule sanguine et, à la longue, une véritable anémie s'installe avec, comme répercussion, un étrange malaise accompagné d'une fatigue permanente et croissante, un état de lassitude mal définie.

On est très souvent « *à plat* » et même rapidement « *épuisé* » dès qu'il s'agit de soutenir un effort : la fatigabilité est un des premiers critères du manque de sommeil (avec la frilosité).

D'après certaines statistiques, les humains sont dans un état permanent de fatigue qui est, avec l'insomnie, l'autre « *mal du siècle* ». Par exemple pour les hommes :

— entre 30 et 35 ans, cela est vrai pour la moitié ;
— entre 35 et 40 ans, cela est vrai pour 80 % ;
— à partir de 40 ans, cela est vrai pour 90 % ;
— après 45 ans, presque 100 % d'entre eux.

Et ils ne savent pas que cela provient en partie de leur mauvais sommeil et qu'ils pourraient largement l'atténuer ou la supprimer même, avec un meilleur sommeil.

Le bon sommeil est irremplaçable, et lorsque l'on dort mal il n'y a plus cette rénovation des forces de l'individu par régénération des cellules, des tissus, des organes, apportée surtout par cette partie de sommeil que nous décrirons plus loin et que l'on appelle le *sommeil lent*.

De plus, non seulement le mauvais sommeil ne permet pas de récupérer son énergie mais encore, il énerve dans l'attente ; à se tourner, se retourner dans son lit, on mange même de l'énergie.

D'autre part, des expériences ont montré que celui qui n'a pas bien dormi dépense dans la journée beaucoup plus d'énergie que les autres à travail égal, au moins 25 % de plus. Vous voyez donc que pour votre énergie vitale ces trois effets se cumulent.

Et cet effet de cumul, entraîne non seulement la fatigue mais un fléchissement de la vigueur organique avec, entre autres, des digestions difficiles et plus lentes, une somnolence, un engourdissement après les repas, une répugnance au mouvement, à l'effort physique et au travail.

Il y a dégradation des performances physiques et sexuelles. Par ailleurs, nos sens sont affectés, et il y a d'abord difficultés des perceptions fines, puis illusions perceptives et, par la suite même, hallucinations du champ visuel et tactile.

b) Sur la réussite de sa vie

Pour faire une transition entre ces conséquences sur notre physique et celles sur notre psychisme, nous voudrions rapidement évoquer cet aspect important de la réussite de sa vie. Le bon sommeil est un atout très important de réussite, notamment sur le plan professionnel. Cela s'adresse à tous, mais surtout aux jeunes bien sûr.

Pour réussir maintenant, il faut non seulement des idées, et donc être lucide et créatif (et pour cela bien dormir et bien rêver), mais il faut aussi avoir en plus de la « *pugnacité* ». Il faut être, comme l'on dit, un « *battant* ». Il faut du dynamisme, c'est-à-dire de l'énergie vitale, du tonus, de l'allant et même savoir entraîner les autres. Mais est-ce possible quand on dort mal, alors que l'on peut tout juste se traîner soi-même ?

Et puis, il y a aussi les raisons caractérielles qui font que l'on inspire moins de sympathie, moins d'optimisme, de chaleur humaine, de rayonnement, que l'on est moins diplomate si l'on dort mal.

Pour toutes ces raisons, si l'on ne dort pas bien (et même très bien), on ne peut pas lutter à « *armes égales* » avec ceux qui ont un bon sommeil. On est un vaincu de la vie.

On a trouvé un critère commun à tous ceux qui ont réussi dans n'importe quel domaine : ils dormaient bien, quoi qu'il leur arrive. Le bon sommeil compte autant que l'intelligence, le savoir, la chance, les relations ou l'argent.

c) Sur les plans psychique et affectif

Les problèmes de sommeil influent forcément sur le psychisme, sur l'intellect et l'affectivité de l'individu.

On estime que le mauvais sommeil est responsable d'un grand nombre de troubles mentaux et souvent de graves désordres nerveux qui ouvrent la porte à d'autres désordres. Que de débiles, de déprimés, de névrosés qui ne sont à l'origine que de mauvais dormeurs !

Peu à peu, et quelquefois même rapidement, le mauvais sommeil nous gâche la vie sans que nous nous en rendions bien compte. On se sent « *mal dans sa peau* », en état de déséquilibre.

L'équilibre vital est rompu, et les personnes qui dorment insuffisamment deviennent nerveuses, inquiètes, instables, puis anxieuses et souvent même à la longue angoissées, passant sans transition de la surexcitation à l'abattement. D'ailleurs, nous avons presque tous une vie en « *dents de scie* », et cela provient en grande partie de notre mauvais sommeil.

Certes, il y a des cycles naturels, biologiques, avec des alternances de temps forts et de temps faibles, mais le sommeil de mauvaise qualité les accentue et les transforme en « *montagnes russes* ».

De plus, quand les rythmes du sommeil sont détraqués, tous nos autres rythmes sont aussi détraqués, et c'est alors la mauvaise santé. On ne « *tourne plus rond* », car tous nos cycles dépendent les uns des autres, s'entraînent les uns les autres comme les engrenages d'une pendule.

Celui qui dort mal a tendance à « *broyer du noir* », à moins bien réagir à tous les stress. Il devient susceptible et supporte beaucoup moins bien que les autres les contrariétés. Cela aggrave encore son insomnie par le même effet d'aller et retour, de rétroaction déjà signalé.

Il prend tout « *du mauvais côté* ». Sa bonne humeur, sa joie de vivre disparaissent. Il devient mélancolique, la vie se transforme pour lui en un fardeau pesant et, à plus ou moins brève échéance, cela aboutit à des troubles du caractère parfois irréversibles.

Et puis, quelquefois sans avertissement aucun autre que la perte du sommeil, une véritable dépression vient sanctionner l'ignorance, l'oubli ou la négation des vertus du bon sommeil. On craque brusquement.

Mais, sans aller vers ces extrêmes (qui sont d'ailleurs de plus en plus fréquents), le mauvais sommeil produit une hyperémotivité et l'on a tendance à tout dramatiser.

Il y a aussi un développement de l'agressivité. L'agressivité croissante que l'on constate chez l'humain, avec son corollaire : la montée de la violence, ne sont peut-être pas étrangères à la dégradation générale du sommeil.

Les mauvais dormeurs deviennent souvent des fumeurs invétérés et même, dans certains cas, des candidats à l'alcoolisme ou à la drogue sous des formes diverses, et en particulier, de somnifère.

Ainsi pourrait s'expliquer la tendance à l'abus de ces médicaments, non seulement par le besoin de dormir, mais par le déséquilibre psychique que le mauvais sommeil engendre.

d) Sur le plan intellectuel

Sur le plan intellectuel aussi, se déprécie le mauvais dormeur, car surviennent très rapidement des troubles de la mémoire (la détérioration de la mémoire est même un des critères qui permet de déceler et de mesurer la détérioration du sommeil). La mémoire se dérobe, fait « *faux bond* », a des « trous ».

Le pouvoir de compréhension et le pouvoir de concentration, si importants, baissent. Il en est de même de la créativité et de ce que l'on appelle l'idéation.

On créé, on apprend, on retient plus difficilement, et des expériences ont montré que l'on retient aussi beaucoup moins longtemps. On restitue aussi moins facilement.

Il devient de jour en jour plus difficile, plus pénible de penser avec précision : l'attention s'émousse vite. Le mauvais dormeur n'a plus de suite dans les idées, son cerveau se superficialise, papillonne, devient incapable d'approfondir quoi que ce soit, de se fixer durablement sur un sujet.

Il fait de la dérive mentale permanente, aussi répandue que le mauvais sommeil avec, peut-être, un lien de cause à effet ? De plus, les erreurs se multiplient, le mental décroche souvent de la réalité et il perd un bien très précieux : sa lucidité, sa clarté intérieure. Alors, une certaine confusion mentale s'installe.

Le mauvais sommeil provoque aussi une sorte de torpeur intellectuelle, d'asthénie mentale, et quelquefois l'hypocondrie qui est, vous le savez, la tendance morbide à s'intéresser plus que de raison à ses maladies souvent imaginaires.

Bref, c'est l'ensemble des performances du mental qui se dégrade, comme les performances physiques, et la baisse que certains hommes commencent à ressentir vers la cinquantaine (ou avant), sur tous les plans, provient en réalité souvent de la seule dégradation de leur sommeil.

A la longue d'ailleurs, le mauvais sommeil engendre des altérations dans le cortex et même des nécroses cérébrales.

C'est donc bien, vous le voyez, votre personnalité tout entière qui est amoindrie lorsque le sommeil est altéré. Mais ce n'est pas tout.

e) La vieillesse prématurée

Le mauvais sommeil est une cause d'accélération du vieillissement : il provoque la sénilité précoce, alors que chaque bonne nuit est un véritable bain de jouvence.

Il y a, bien sûr, la disparition de la confiance en soi, de l'entrain, de l'enthousiasme (attributs de la jeunesse), ce qui est un premier pas vers la vieillesse. Mais on vieillit aussi dans son aspect extérieur, et dans son organisme interne autant que dans son action et dans ses goûts.

Contrairement à ce que l'on croit, ce n'est pas parce que l'on prend de l'âge que le sommeil doit se dégrader. Il ne se dégrade pas automatiquement avec les années ; seule la quantité de sommeil dont on a besoin doit diminuer. Le plus souvent, on peut même presque dire l'inverse : c'est parce que l'on dort mal que l'on vieillit.

C'est une cause, et même peut-être la cause principale, d'usure par non-réparation de l'organisme, car le sommeil c'est l'atelier d'entretien de l'organisme. D'ailleurs, pour les gérontologues, la variation de la qualité du sommeil est un des moyens de mesurer le degré de sénilité. Retrouver son bon sommeil c'est rajeunir, et il n'est pas besoin pour cela de vendre son âme au diable comme dans Faust.

Puis voici le corollaire, car décidément il est bien vrai que tout se paie et quelquefois à tempérament : le mauvais sommeil vous raccourcit la vie. En dormant mal on se suicide au ralenti.

Certains biologistes disent que l'humain est bâti pour vivre 130 ans. L'humain est le seul mammifère qui ne vit pas 7 fois son âge adulte, et ce n'est peut-être pas un hasard : il est le seul animal insomniaque !

Chez les animaux, on remarque que pour une taille et un poids voisins, les espèces qui dorment plus longtemps vivent aussi plus longtemps.

Toutes les statistiques montrent qu'il y a une surmortalité importante chez les insomniaques (attention, il ne s'agit pas d'établir un lien entre le nombre d'heures que l'on dort et la durée de la vie, mais seulement par rapport à ses propres besoins de sommeil, qui sont très variables d'un individu à l'autre).

« *Si vous dormez bien,* dit le docteur A. Soubiran, *vous avez toutes les chances de dépasser les 80 ans, et en bonne santé.* »

A un congrès sur les assurances aux Etats-Unis, la question suivante a été discutée : « *Quelle est la meilleure question unique qu'un courtier d'assurances doive poser à un client pour déterminer s'il est un candidat intéressant pour une assurance sur la vie ?* » (c'est-à-dire, en fait, s'il vivra longtemps).

Après discussion, la conclusion, unanime, a été : « *Est-ce que vous dormez bien chaque nuit ?* » Si la réponse est oui, le client peut être classé dans le groupe des humains promis à une longue vie, cela non seulement parce que c'est le signe d'une bonne santé, et donc de bonnes chances de survivre, mais surtout parce qu'il la gardera.

Ce qui est vrai pour la maladie l'est aussi pour les accidents. Avec le mauvais sommeil, il y a apparition dans l'organisme de toxines très nocives. Celles-ci, entre autres, inhibent les centres de la vigilance, et les réflexes sont affaiblis.

C'est une source d'accident, en particulier d'accidents d'automobile. Déjà, le manque de sommeil peut provoquer un endormissement au volant, et l'on a donc de fortes chances de ne jamais se réveiller... et de trouver le sommeil éternel ! Mais, par ailleurs, de nombreux accidents de la route sont dus à un fléchissement de l'attention du conducteur, conséquence de son mauvais sommeil ou de l'excès de somnifères.

Savez-vous que des enquêtes menées récemment par des compagnies d'aviation à la suite de catastrophes aériennes révèlent que, dans beaucoup de cas, le pilote n'avait pas dormi suffisamment.

Une statistique américaine faite en 1966 estime qu'il y a eu deux fois plus de morts sur la route à cause des insomnies qu'à cause de l'alcoolisme. Que de vies humaines seraient épargnées si l'on améliorait le sommeil. D'ailleurs, tout cela s'applique aussi à tous les autres accidents, et en particulier aux accidents du travail.

Enfin, et toujours dans le domaine de la longévité, voici un aspect inconnu et inattendu : l'insomnie est, en France par exemple, la cause principale du suicide.

f) La beauté

Il n'y a pas besoin, comme la Belle au Bois-Dormant, de dormir 100 ans pour être belle. Une bonne nuit est aussi un véritable bain de beauté. Cela vaut tous les produits de beauté du monde.

Par exemple, le sommeil est le plus puissant des antirides.

Un mauvais dormeur n'a pratiquement jamais le teint frais, il a les traits tirés, les yeux enfoncés, ce qui, vous le savez, est la caractéristique physique du vieillissement la plus apparente sur le visage.

Le premier adversaire de l'esthétique, c'est la pesanteur. Or, le sommeil suspend la pesanteur car le corps est horizontal. Cela est important pour le visage : joues, paupières, etc., mais aussi pour l'ensemble du corps.

Le deuxième adversaire de la beauté, c'est la tension nerveuse, la crispation. Or, un bon sommeil détend le visage et le corps.

*
* *

Bref, c'est à tout âge que vous avez un besoin essentiel du bien dormir. C'est tout le temps et partout :

— Chez vous, en famille. Savez-vous que la moitié des scènes de ménage sont dues au mauvais sommeil ?

— C'est à votre travail, au bureau comme à l'atelier.

— C'est même pendant vos loisirs afin d'en profiter au maximum.

Il faut donc absolument, et sans perdre de temps, remettre le bon sommeil à *l'ordre du jour*. Il faut absolument faire retrouver à chaque humain ce royaume oublié et son exceptionnelle valeur.

Il faut lui révéler que les secrets et les clefs de la santé, de la vitalité, de la réussite, de l'équilibre, de la beauté, de la jeunesse, de la longévité et de la joie de vivre sont celles du bon sommeil. Le bon sommeil rend la vie plus belle.

Certes, il ne suffit pas de bien dormir pour avoir la vie belle, et il en est du sommeil comme de l'argent : l'argent ne fait pas le bonheur, mais si l'on manque d'argent et de sommeil on ne peut pas être vraiment heureux.

CHAPITRE II

L'exploration d'une nuit de sommeil

« Le sommeil, ce voyage aventureux de tous les soirs »
(Baudelaire)

Cette exploration d'une nuit de notre sommeil est intéressante en soi, mais elle est surtout très utile pour mieux connaître votre sommeil et, vous le constaterez ultérieurement, elle est indispensable pour comprendre les clefs d'or du bon sommeil.

Il s'agit d'une exploration très rapide et, naturellement, nous avons beaucoup simplifié, toute précision ou complication n'apportant rien par rapport au but de ce livre : **réapprendre à dormir.** Le texte est ainsi plus aisé et même, nous l'espérons, plus agréable à lire.

Nous ne ferons donc mention seulement que de ce qu'il est nécessaire de connaître pour la deuxième partie.

1. L'endormissement

C'est à un voyage extraordinaire que nous vous convions maintenant, un voyage dans un univers très différent de celui de l'éveil, étrange, encore rempli de mystères, que quelques initiés de par le monde commencent à mieux connaître, et ce, depuis quelques années seulement.

Il s'agit bien sûr d'un voyage immobile, à l'intérieur, dans les profondeurs de nous-même. Et ce voyage, cette traversée que chacun de nous effectue chaque nuit, en solitaire, dans le noir et les paupières closes, nous allons pour une fois l'effectuer de manière très inhabituelle, ensemble et les yeux grands ouverts.

Ce voyage commence à l'instant où nous avons éteint la lumière et fermé les yeux, et se termine au moment où, en principe le lendemain matin, nous les rouvrons.

Et, dès le début de ce voyage, chacun de nous accomplit un parcours étonnant : il remonte le temps. Car cette chose étonnante qu'est la plongée chaque soir dans le sommeil est, en fait, une « *naissance à l'envers* ». Chaque soir, chaque humain reparcourt en sens inverse, et bien sûr en accéléré, toutes les étapes qu'il a lui même parcourues depuis son enfance.

Il y a, il doit y avoir — pour que le phénomène de l'endormissement survienne — une dispersion des éléments dont l'agrégat constitue notre individualité que chacun de nous s'est forgé au fil des ans, les facultés acquises en dernier (le plus récemment) disparaissant les premières.

Par contre, les montages psychologiques qui sont depuis l'enfance très solidement implantés, résistent et s'effondrent en dernier.

Pour que l'on puisse s'endormir, il doit y avoir une dissolution, un effritement, une dissociation psychologique graduelle (même si elle est rapide) et continue : relâchement de l'attention, de la logique, puis de la volonté tandis que disparaissent les fonctions d'intérêt, d'analyse, de critique, le sens des responsabilités, la mémoire et même la notion du temps que ne possèdent pas les enfants pas plus que les peuples primitifs et les animaux. Pendant l'endormissement, le temps psychologique se ralentit et c'est d'ailleurs ce qui donne l'impression que cet endormissement est plus long qu'il ne l'est en réalité.

L'endormissement ramène donc transitoirement votre psychisme vers celui de ses origines, celui de notre prime enfance. « *La vie psychologique réduite de l'endormissement s'apparente étroitement à la vie psychique de l'enfant, à l'idéation primitive, à la pensée rudimentaire* » (docteur J. L'Hermitte).

Ainsi, cette parole du Christ : « *Si vous ne redevenez comme des petits enfants, vous n'entrerez point dans le royaume* », s'applique à celui du sommeil.

Et c'est déjà l'un des premiers miracles unique et bienfaisant du sommeil : en s'endormant, on rajeunit, on retombe en enfance ; chaque soir on doit, avant de dormir, plonger dans un bain de jouvence.

Nous verrons ultérieurement combien il est important de bien comprendre ce processus qui, pour que l'endormissement puisse être rapide et sans problème, doit être préparé et ne pas être contrarié.

Pour entrer au royaume du sommeil, il n'y a rien à acquérir ni à conquérir, il n'y a pas d'ennemi à vaincre, de bataille à gagner car s'endormir c'est tout abandonner, lâcher prise totalement. S'endormir est une défaite au sens étymologique de ce terme : on se défait.

Puis, au moment même où il franchit la porte du sommeil, l'homme « *naît à l'envers* » car il se trouve réellement plongé dans des conditions physiques et psychiques semblables à celles du ventre maternel : chaleur des draps, obscurité, silence presque total.

De plus, étant horizontal, il est comme dans le liquide amiotique, soustrait à la pesanteur. Et surtout, comme le fœtus, il sombre apparemment dans une vie végétative. Il a décroché, il s'est retiré du monde extérieur comme le fœtus, qui lui n'y est pas encore entré. D'ailleurs, bien souvent, en s'endormant on reprend instinctivement la position du fœtus, et nous verrons que l'état de rêve, sur le plan cérébral, est l'équivalent de l'état fœtal.

Pendant l'endormissement, nos muscles se relâchent, nos fonctions se ralentissent : rythme pulmonaire, rythme cardiaque, tension et température baissent, etc. Ces changements sont en fait aussi la conséquence de la position allongée et de la décontraction. Mais c'est surtout dans notre cerveau que se produisent les changements les plus importants, et c'est lorsque l'on a compris cela que l'on commence à comprendre vraiment le sommeil.

2. Les ondes cérébrales

Il y a quelque cinquante ans, on en était encore réduit, comme Montaigne, à se faire réveiller brusquement, pour essayer de savoir ce qui se passait pendant le sommeil. Mais maintenant, un appareil (l'électroencéphalographe) permet de capter, d'amplifier environ un million de fois, et d'enregistrer sur une feuille de papier les ondes, les pulsations électriques émises par notre cerveau.

Rappelons que ce cerveau est un extraordinaire poste émetteur, en l'occurrence émetteur d'ondes électriques, et c'est surtout l'électroencéphalographe qui va maintenant nous aider dans notre exploration.

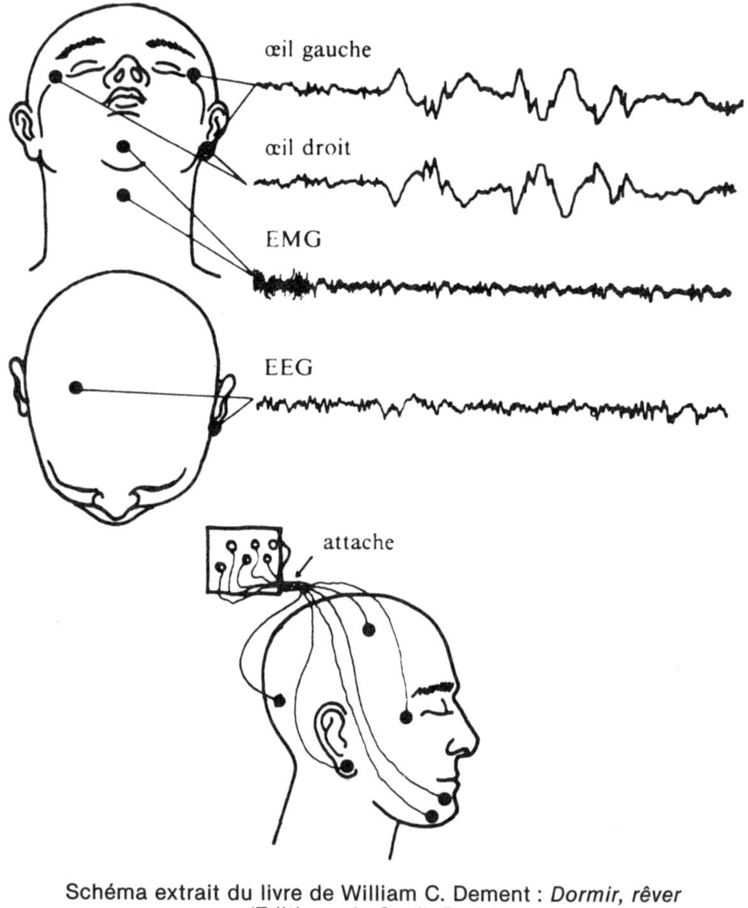

Schéma extrait du livre de William C. Dement : *Dormir, rêver*
(Editions du Seuil, Paris)

Précisons que, pour cela, des électrodes sont collées sur le crâne du dormeur (sans que ce soit pour lui une gêne) dans la région frontale, occipitale et pariéto-temporale (et sur le lobe de l'oreille). Elles permettent d'enregistrer les différences de potentiel électrique entre deux points du cuir chevelu. De plus, on peut enregistrer aussi les mouvements des yeux grâce à d'autres électrodes qui permettent ainsi d'obtenir un électro-oculogramme. Les yeux sont en effet semblables à de toutes petites batteries comportant une différence de potentiel entre la cornée et la rétine.

De même l'activité musculaire, grâce à des électrodes placées également sur le visage (menton), est enregistrée sur un électromyogramme : il révèle les potentiels électriques engendrés par les fibres musculaires.

a) L'état d'éveil ou vigile

Vous êtes en ce moment, en lisant ces lignes, dans un état dit d'**éveil actif** car il y a, de votre part, une certaine attention visuelle et cérébrale pour comprendre le sens du texte.

Dans cet état, votre cerveau émet (comme le mien a émis lorsqu'il a écrit ce même texte) des pulsations électriques extrêmement rapides : entre 15 et 40 ou même 50 pulsations par seconde (nous prendrons par exemple 30 qui représente une certaine moyenne).

Mais ce sont des pulsations de très très faible amplitude, de très faible puissance, car leur voltage se mesure en microvolts (millioniėmes de volts). Pour vous en donner une idée, sachez qu'il faudrait ajouter les pulsations de 30 millions de dormeurs (plus de la moitié des Français) pour pouvoir allumer l'ampoule d'une lampe de poche. Cet état est l'**état vigile**, et les ondes correspondantes sont appelées **ondes bêta.** L'homme moderne vit constamment pendant le jour, et à tort, dans cet état de véritable trépidation de son cerveau.

En réalité, on l'appelle ainsi parce que c'est le deuxième rythme que l'on ait découvert, et que la lettre bêta est la deuxième de l'alphabet grec. Ces ondes bêta viennent des régions frontales et occipitales.

b) Le rythme alpha

Si vous fermez les yeux et que vous vous laissez aller à un état de détente physique et psychique, mentale et affective, alors des ondes ralenties apparaissent en occipital à la fréquence d'environ dix par seconde (de huit à douze par seconde suivant les sujets). Ce sont des ondes sinusoïdales de beaucoup plus grande amplitude et, si elles sont de trois à cinq fois moins rapides, elles sont aussi de trois à cinq fois plus fortes, plus puissantes. Elles constituent le fameux **rythme alpha,** ainsi appelé parce que c'est le premier qui a été découvert en 1925 par un Allemand, Hans Berger, et c'est pourquoi on l'appelle parfois aussi le rythme de Berger.

C'est le rythme de l'**éveil passif.**

Il constitue, pour ce qui nous intéresse, un état intermédiaire entre l'état d'éveil et l'état de sommeil, un état de transition par lequel on passe obligatoirement (de la même manière que pour passer d'une vitesse à l'autre dans une automobile, on passe obligatoirement par le point mort).

Il correspond au débrayage de l'attention. C'est un état de présommeil, « *l'antichambre* » du sommeil.

Mais c'est un état très fragile : si vous touchez quelqu'un qui est en état alpha, si vous lui parlez, si vous lui faites entendre un bruit précis, un « *clic* » par exemple, s'il ouvre les yeux ou s'il pense à quelque chose de précis (c'est-à-dire qu'il revient à un état d'attention, et à plus forte raison de tension), immédiatement le rythme alpha s'arrête.

c) Le rythme thêta ou gamma

Mais si rien de tout cela ne survient, et si le soir dans votre lit vous restez en rythme alpha pendant un certain temps ininterrompu, alors vos ondes cérébrales vont encore ralentir, jusqu'à un rythme transitoire (en moyenne cinq pulsations par seconde environ) qui ne dure que quelques secondes ou quelques minutes au maximum.

C'est le rythme **thêta,** quelquefois appelé **gamma** à ondes pointues, ondes de grande amplitude venant des régions pariéto-temporales.

Lorsque les ondes alpha se raréfient donc au profit des ondes thêta, c'est le basculement dans le sommeil (qu'on appelle aussi l'endormissement) et l'état qui le suit est le **stade I du sommeil très léger**. Précisons que par l'électroencéphalogramme, il est impossible de connaître l'instant exact où l'on s'endort. Il y a un moyen pour saisir le moment de cet endormissement, très simple et encore employé : si l'on place un objet entre les doigts du sujet (petit morceau de bois ou petite boule par exemple), au moment précis où le sujet s'endort, l'objet tombe.

Mais l'éminent spécialiste américain du sommeil, William Dement, nous indique un autre moyen : « *On s'endort,* dit-il, *à l'instant précis où on devient aveugle. Et les yeux commencent à glisser lentement d'un côté à l'autre. Ce lent va-et-vient constitue le signe le plus sûr de l'arrivée du sommeil.* »

L'univers dans lequel son cerveau vient de faire entrer notre sujet, grâce notamment à une modification de ses ondes cérébrales, est un univers très différent de celui de l'éveil actif.

Soulignons que si nous avons employé cette expression : « *Son cerveau vient de faire entrer notre sujet* », c'est parce qu'il est important (et vous en comprendrez par la suite les raisons) de se rendre compte qu'en réalité nous ne nous endormons pas, mais que c'est notre cerveau qui nous endort.

L'univers du sommeil est un univers à deux dimensions seulement au lieu de quatre, car deux de ces dimensions ont pratiquement disparu.

Le temps du dormeur, son temps psychologique, a disparu. Le *Vedanta* nous montre qu'il est dans le « non-temps ». C'est pourquoi à l'éveil, s'il n'y avait pas de points de repères extérieurs, on serait incapable de savoir si l'on a dormi trois minutes, trois jours, ou trois mois.

D'autre part, ayant les muscles relâchés et étant étendu sur une surface plane, on ne peut plus que se déplacer sur un plan horizontal : la profondeur a disparu. Mais, de plus, et nous y avons déjà fait allusion précédemment, la pesanteur n'a presque plus d'effet sur notre corps, du fait également de la position horizontale.

Prenons l'exemple de notre circulation sanguine : dans la journée, lorsque nous sommes debout ou assis, tout ce qui est au-dessous du cœur est bien irrigué, et parfois trop, car le sang doit lutter contre la pesanteur pour remonter jusqu'au cœur. Par contre, tout ce qui est au-dessus du cœur est moins bien irrigué car le sang, pour l'atteindre, doit également lutter contre la pesanteur.

Et cette sorte d'état d'apesanteur est intéressant pour l'ensemble de notre organisme, et en particulier pour notre colonne vertébrale, « *l'arbre de vie* ».

En nous endormant, nous avons fait beaucoup plus que de changer de planète, nous avons comme changé d'univers. Les lois de notre monde ne s'appliquent plus, en particulier les lois psychologiques.

3. Le sommeil lent

Le sujet est donc, à partir du franchissement de la porte de son nouveau royaume et pour quelques minutes, dans le stade 1, celui du sommeil très léger des ondes thêta.

Mais, très rapidement le tracé de l'E.E.G. va encore se modifier. Alors s'installe le **stade 2 du sommeil léger,** caractérisé par l'apparition dans les ondes thêta encore plus ralenties, d'ondes plus fortes et plus rapides appelées **ondes sigma** (huit à dix par seconde) qui donnent sur le tracé des « *fuseaux* » et aussi, de temps en temps, des ondes plus complexes, encore plus fortes appelées **complexes K.**

Ce stade 2 du sommeil va durer en général vingt minutes. Pendant ce stade, le sommeil est encore fragile et un bruit par exemple, même pas très fort, peut éveiller le dormeur.

Puis, au terme de ces vingt minutes, notre dormeur va entrer dans le **stade 3 du sommeil profond,** lorsque apparaissent sur son tracé des ondes encore plus ralenties (un à trois cycles par seconde) mais de très grande amplitude : par exemple vingt-cinq fois celle des ondes bêta de l'éveil, car elles sont d'un voltage beaucoup plus élevé (notons au passage qu'elles sont aussi 25 fois environ plus lentes).

Ces ondes sont les fameuses **ondes delta** ; il faudrait maintenant un bruit beaucoup plus fort pour le réveiller (par exemple répéter plusieurs fois son nom en criant très fort) ; on pourrait le pincer sans le réveiller.

Dès que plus de la moitié du tracé est constituée de ces ondes delta, on considère que le dormeur a franchi un autre stade, celui du **stade 4 :** il est alors dans le **sommeil très profond.**

C'est à ce stade que nos fonctions vitales (respiration, battement cardiaque, tension artérielle, etc.) sont au plus bas. Les mouvements sont rares ; le dormeur semble figé et, si on le regarde, c'est assez

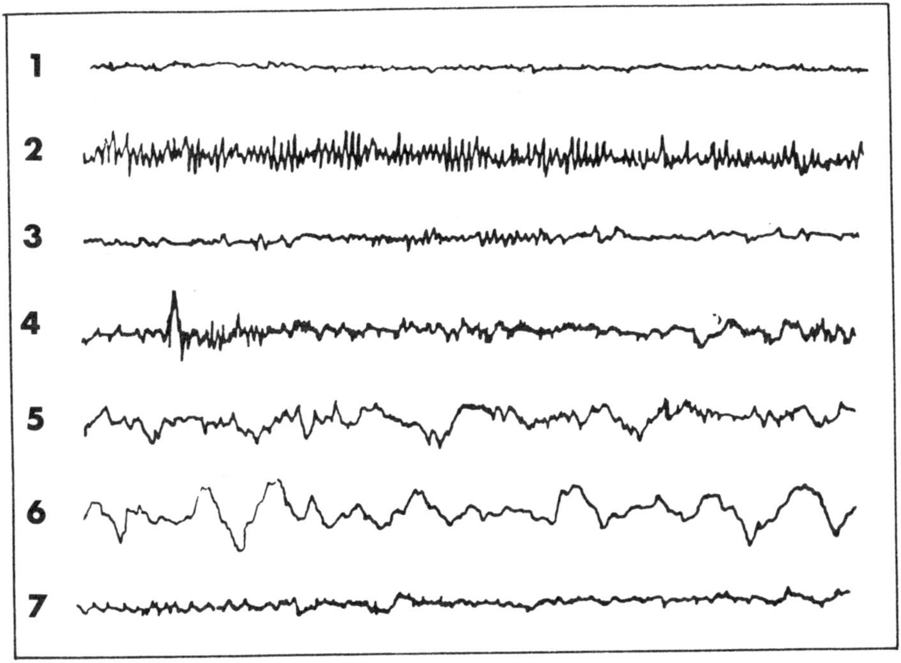

LES PRINCIPAUX TRACES ENCEPHALOGRAPHIQUES DE L'HOMME

1. **Veille active :** ondes rapides bêta (17 à 50 cycles par seconde) de bas voltage (faible amplitude).
2. **Veille passive :** ondes alpha (8 à 12 cycles par seconde) en fuseaux caractéristiques.
3. **Sommeil très léger** (stade 1) : les ondes alpha se raréfient au profit d'ondes thêta, appelées aussi gamma (4 à 7 cycles par seconde).
4. **Sommeil léger** (stade 2) : des bouffées d'ondes sigma apparaissent (8 à 15 cycles par seconde).
5. **Sommeil profond** (stade 3) : apparition d'ondes delta (1 à 3 cycles par seconde).
6. **Sommeil très profond** (stade 4) : généralisation d'ondes delta.
7. **Sommeil paradoxal** (stade 5) : tracé indiscernable de celui de veille ; on distingue cet état par d'autres critères (mouvement des yeux, chute du tonus musculaire, etc.).

impressionnant : il est parfaitement immobile, le visage détendu comme celui d'un mort.

Incontestablement, à ce stade le sommeil fait penser à la mort (d'où la croyance des Anciens), et l'on est devenu apparemment insensible au bruit et à la lumière. On peut vous secouer, sonner une cloche, vous appeler par votre nom, il est extrêmement difficile de vous réveiller et, quand on y parvient, vous êtes complètement désorienté dans le temps et dans l'espace. Vous avez beaucoup de mal à retrouver vos esprits ; il y faut du temps et un effort important.

Ce quatrième sous-sol est celui de l'oubli le plus profond. Il correspond à ce qu'on appelle dans le langage courant le premier sommeil, et nous verrons pourquoi un peu plus loin : c'est celui de l'enfance qui, malheureusement, commence à disparaître à partir de trente ans.

C'est le sommeil le plus réparateur sur le plan physique ; tant que vous ne l'avez pas atteint, vous ne pouvez pas dire que vous avez vraiment dormi.

C'est le stade du sommeil le plus impérieux, le plus vital. C'est celui que la nature commence par vous faire récupérer lorsque vous manquez de sommeil.

Au terme de ce stade 4, il y a environ quatre-vingt-dix minutes que l'on est endormi, et on revient alors en général au sommeil léger ; il semble que l'on soit à peu près revenu au point de départ.

Le sommeil de ces quatres stades est appelé sommeil lent puisqu'il correspond à des ondes plus ralenties que celles de l'état d'éveil et même que celles de l'état intermédiaire du rythme alpha (éveil passif).

Il est intéressant de noter également (pour la suite) que, comme l'écrit Mme J. Bouton dans son livre remarquable : *Bons et mauvais dormeurs* (Ed. Gamma) : *« On peut sortir aisément du stade 1, on n'aime pas sortir du stade 2, on a du mal à sortir des stades 3 et 4, surtout quand on arrive à la fin des 90 minutes de sommeil lent. »*

*

* *

4. Le sommeil rapide ou paradoxal

a) Le stade 5

Cette appellation devenue classique est de Michel Jouvet.

Il semblait, après quatre-vingt-dix minutes de sommeil, qu'une première « *boucle* » soit accomplie. Et pourtant, c'est à ce moment que va se produire le changement le plus spectaculaire de la nuit.

Tout d'un coup les plumes de l'électroencéphalogramme vont se mettre à crisser sur le papier, à s'agiter follement et même à vibrer. Cela a stupéfié les chercheurs qui, la première fois en 1953, à Chicago, observèrent ce phénomène : ils crurent que leur sujet était éveillé car les ondes recueillies sont redevenues très difficiles à distinguer de celles de l'état d'éveil actif, c'est-à-dire des ondes bêta, ondes très rapides rappelons-le (en moyenne trente par seconde, mais de très faible amplitude).

Pourtant, paradoxalement, sur le plan physique leur sujet était resté très profondément endormi. Et même, il était encore plus profondément endormi que dans le stade 4 précédent qui est pourtant celui du sommeil très profond : il s'était littéralement effondré sur sa couche, cette fois comme s'il était vraiment mort. Son tonus musculaire était tombé à zéro (comme le montre maintenant l'électromyogramme).

Pour vous donner une comparaison, regardez un lapin endormi : alors que dans tous les stades 1, 2, 3 et 4 précédents ses oreilles sont restées dressées verticalement, dès qu'il atteint ce stade dit du sommeil paradoxal, appelé stade 5, ses oreilles retombent. De même un chat qui était resté accroupi sur ses pattes en dormant jusqu'au stade 4, va s'affaisser sur le flanc.

Mais d'autres particularités physiques très curieuses apparaissent pendant ce stade 5. Voici les principales :

L'électro-oculogramme montre que les pupilles de nos yeux vont se mettre à rouler rapidement dans tous les sens : d'abord horizontalement de droite à gauche et de gauche à droite, un peu comme si l'on suivait un match de Ping-Pong en étant placé sur le côté : ce sont des mouvements brusques et de grande amplitude. Puis de haut en bas et de bas en haut. Et ces mouvements de balayage horizontal ou vertical vont durer pendant tout ce stade 5.

D'autre part l'organe sexuel chez l'homme va être excité et il en est de même de son équivalent chez la femme, et cela se produit chez tous, du plus jeune enfant au vieillard le plus âgé. Cela est d'ailleurs sans rapport avec une excitation sexuelle réelle et a lieu systématiquement pendant tout ce stade 5, même si l'on n'a pas pendant celui-ci de pensées ou images érotiques.

Il y a, par ailleurs, tout un ensemble de petits muscles qui se contractent et cela provoque par exemple sur le visage des expressions, des grimaces, des sourires, des mines tristes ou des sortes de tics. L'extrémité des pieds et des mains s'agite.

Mais pendant ce stade 5, à part ces quelques mouvements qui correspondent plutôt à des secousses musculaires, l'ensemble de votre corps est paralysé. D'autre part, certaines de vos fonctions physiologiques sont un peu perturbées. Par exemple la respiration et le rythme cardiaque sont devenus irréguliers (tantôt lents, tantôt rapides), la pression sanguine augmente, puis diminue, etc.

Le sommeil du stade 5 est appelé sommeil rapide parce qu'il correspond à des ondes cérébrales rapides, ou sommeil paradoxal, mais aussi sommeil R.E.M. (Rapid Eye Movement).

b) Le rêve

C'est surtout pendant ce stade qu'a lieu le **rêve,** l'activité onirique. En effet, une très forte proportion de dormeurs réveillés pendant ce stade 5 racontent le rêve qu'ils étaient en train de faire, alors que cela est rare pour ceux que l'on réveille pendant le sommeil lent.

Cependant, on ne peut pas assimiler complètement le sommeil paradoxal au rêve. Tout dépend d'ailleurs de la définition que l'on donne du rêve. Pendant le sommeil lent, l'apparition d'images (qui est une des caractéristiques du rêve) est très rare et, si cela arrive, elles sont confuses. Ce sont simplement des pensées et, de plus, on les oublie pratiquement toujours.

Ce stade 5 va durer de 15 à 30 minutes puis on revient à l'éveil ; et voici achevée notre première tranche de sommeil.

5. Nos sens durant le sommeil

Il est intéressant de noter que notre cheminement à l'intérieur d'une tranche de sommeil correspond non seulement à une modification par notre cerveau de son rythme cérébral, mais qu'au fur et à mesure, il y a « *enfoncement* », un isolement de plus en plus grand par rapport au milieu extérieur.

Nous savons déjà qu'en franchissant la porte du sommeil, nous perdons pendant tout le sommeil (provisoirement mais complètement) la vue puisque nous devenons aveugle.

Mais pendant les stades 1 et 2, nous ne sommes pas sourds et nous pouvons très bien entendre notre voisin du dessus rentrer ou la cloche de l'église voisine sonner. C'est ce qui fait croire souvent au dormeur qu'il ne dormait pas.

D'ailleurs le cerveau n'enregistre pas vraiment les stades 1 et 2 comme étant du sommeil, et cela explique que certaines personnes puissent dire, le plus souvent avec une entière bonne foi : *« Je n'ai pas dormi de la nuit »,* alors que leur électroencéphalogramme montre à l'évidence qu'elles ont passé par exemple trois ou quatre heures en sommeil léger.

Au stade 3 du sommeil profond on est aveugle et sourd. Précisons toutefois que l'on n'est jamais complètement sourd dans le sommeil, car l'ouïe est le sens chargé de la vigie, du service de garde (comme chez tous les animaux), pour que nous soyons réveillés en cas de danger, mais le seuil auditif est plus élevé (de cinq fois environ).

Au stade 4 du sommeil très profond, nous sommes aveugles, sourds et muets, mais nous pouvons bouger. C'est à ce stade d'ailleurs (et non pas comme on le croit généralement au stade 5 du rêve) que se produisent quelquefois un certain nombre d'anomalies chez certains, tels par exemple le somnambulisme (on se dresse sur son lit, ou même on se lève et se promène), les incontinences des énurétiques, les terreurs nocturnes (cauchemars), etc.

Enfin, au stade 5 on est aveugle, sourd, muet et paralysé. Il est intéressant cependant de noter que dans le rêve, nous sommes (notre cerveau est) complètement et totalement coupé du monde extérieur : nous n'enregistrons plus du tout les messages sensitifs venus de l'extérieur (ou de l'intérieur) et notre cerveau n'envoie plus aucun message moteur (à

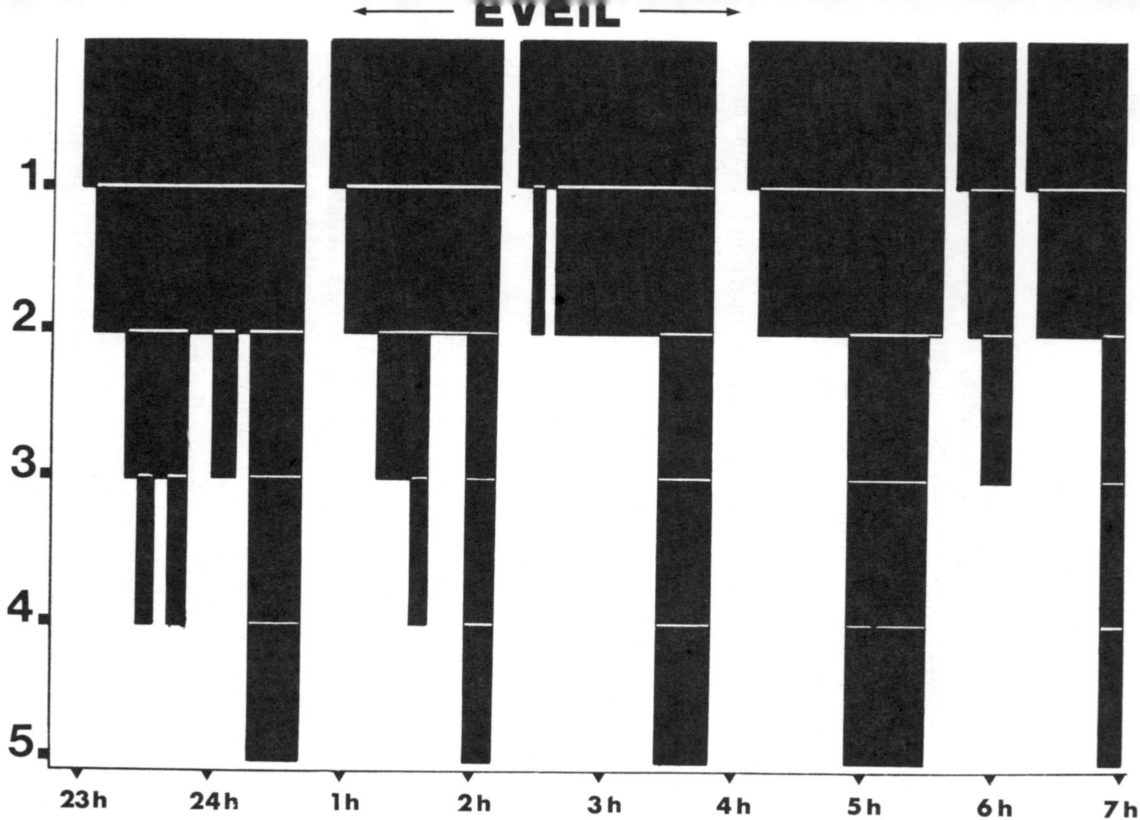

LES CYCLES D'UNE NUIT DE SOMMEIL

Le sommeil normal comporte plusieurs éveils, généralement à l'issue d'un rêve.

1. Sommeil très léger. 2. Sommeil léger. 3. Sommeil profond. 4. Sommeil très profond.

part à certains petits muscles comme nous l'avons indiqué), alors que dans tous les stades précédents, même dans le stade 4 du sommeil très profond, notre cerveau enregistre les messages du monde extérieur (simplement, il les perçoit avec une certaine atténuation).

Si on pique ou on pince quelqu'un, si on fait entendre un bruit par exemple, le tracé de l'encéphalogramme enregistre ces sollicitations extérieures même dans le cas, bien sûr, où celles-ci ne réveillent pas le dormeur, mais pas dans le stade 5.

6. Les cycles du sommeil

Ainsi donc, chaque nuit, à intervalles réguliers, au bout d'un certain temps qui est fixe pour chacun de nous mais variable d'un individu à l'autre, nous nous éveillons. Cela est vrai pour tout le monde et est parfaitement normal.

Nous sommes alors, réellement, cette fois, revenu à notre point de départ d'avant l'endormissement, et nous retrouvons presque toutes les caractéristiques de la phase de préendormissement : réapparition du rythme alpha, perception des événements extérieurs, quelquefois bâillements, changement de position à la recherche de celle la plus favorable pour nous réendormir, etc.

Et c'est bien sûr à ce moment de la nuit que notre sommeil est le plus fragile. Il est à la merci d'une perturbation interne (douleur par exemple), ou seulement d'un besoin (faim, soif, envie d'évacuer, etc.), ou résurgence d'un souci, ou d'une perturbation externe (bruit, chaleur excessive de la chambre, etc.).

Mais si aucun élément de trouble n'intervient, alors notre cerveau va nous réendormir presque aussitôt, et nous allons recommencer une nouvelle tranche comportant en principe les mêmes stades 1, 2, 3, 4 et 5 que ceux de la première tranche, et ainsi de suite tout au long de la nuit.

Alors que l'on croyait depuis toujours que la nuit se déroulait de façon continue, linéaire, à quelques accidents de parcours près, on sait maintenant que chacune de nos nuits est comme découpée en tranches (que l'on appelle des cycles car tout recommence périodiquement), chacune de ces tranches comportant donc les différents stades que nous avons décrits.

La durée de ces tranches est, pour un même individu, égale (à peu près) d'une tranche à l'autre. Chacun a donc son cycle. Mais d'un individu à l'autre cette durée est différente.

Chaque espèce animale a une durée moyenne de son cycle et des limites extrêmes qui sont caractéristiques de cette espèce. Par exemple, pour le mammifère humain, la durée moyenne est d'un peu moins de 2 heures et elle est comprise pour la quasi-totalité des humains entre 1 h 40 et 2 h 10. A titre de curiosité, signalons que la durée moyenne du cycle augmente en général avec le poids ou la taille de l'espèce considérée.

Par exemple, pour le rat, elle est de 12 minutes environ, pour le chat 30 minutes, pour un singe moyen de 45 (35 pour un babouin, 80 pour un singe anthropomorphe). L'humain se situe à cet endroit avec ses 110 minutes, puis vient l'éléphant avec 130 minutes.

Chacune de nos nuits va donc se composer de 3, 4 ou 5 tranches de sommeil et, à la fin de la dernière tranche, notre cerveau ne nous réendort plus.

Grâce à l'enregistrement de l'électroencéphalographe, il est possible de tracer une représentation graphique d'une nuit de notre sommeil. Si l'on porte horizontalement le temps et verticalement la profondeur du sommeil, on obtient un graphique appelé **hypnogramme.**

La profondeur du sommeil est un critère qui se mesure de manière assez précise par l'intensité d'un stimulus nécessaire pour réveiller le dormeur ; on peut considérer que plus cette intensité est forte, plus le sommeil est profond.

Nous avons fait figurer à la page 48 un hypnogramme classique. Naturellement chacun a son propre hypnogramme caractéristique, qui n'appartient qu'à lui, comme il a sa signature ou ses empreintes digitales ; cet hypnogramme est bien sûr modifié quand le sommeil est perturbé.

Cette exploration extrêmement rapide d'une nuit de notre sommeil doit d'abord susciter notre admiration devant l'organisation de son déroulement.

Elle doit aussi susciter l'étonnement chez ceux, et il en existe encore beaucoup, qui, ne sachant presque rien de ce qui se passe pendant leur sommeil, croyaient que cette face cachée de la vie n'était qu'une sorte de neutralisation passive, plate et quasi totale de l'activité (en particulier l'activité cérébrale) lorsque l'on dormait bien, et qui croyaient que régnait le désordre pendant les nuits mauvaises.

Mais surtout nous pouvons déjà, grâce à l'hypnogramme, obtenir des renseignements extrêmement précieux en constatant de visu un certain nombre de points intéressants.

Tout d'abord la proportion relative des différents stades par rapport à l'ensemble du temps de sommeil (en additionnant le temps partiel de chacun de ces stades des différents cycles). Pour un adulte normal en bonne santé :

— Le stade 2 du sommeil léger représente un peu plus de 50 % (moitié) du temps de sommeil.

— Les stades 3 et 4 (on a l'habitude de les grouper) représentent un peu plus de 25 % (quart) du temps de sommeil.

— Quant au stade 5, celui du rêve, et cela, je pense, va être une surprise pour beaucoup d'entre vous, il occupe entre 20 et 25 % du temps de sommeil. Cela représente en moyenne entre 1 h 30 et 2 heures. Retenez ce nombre : pour l'humain adulte normal (non malade ou drogué), le temps total de rêve de chaque nuit est en moyenne de 100 minutes, découpées en 3, 4 ou 5 tranches.

Et cela est vrai même pour ceux qui croient ne pas rêver du tout ou pour leurs nuits dites sans rêve. La différence d'avec les autres humains (ou les autres nuits) est qu'ils ont oublié leurs rêves, car en principe on oublie son rêve dans les 5 ou 10 minutes (15 minutes maximum) qui suivent la fin de ce rêve.

D'autre part, on peut constater sur l'hypnogramme que la durée de chaque tranche de rêve va en augmentant au fur et à mesure que l'on s'approche de la dernière tranche. Par exemple, si la durée de la première tranche est de 15 minutes, celle de la dernière tranche peut être de 30 minutes ou plus (jusqu'à 60 minutes).

A l'inverse, vous constatez que seuls les deux premiers cycles comportent du sommeil stade 4, sommeil très profond. C'est pourquoi l'on dit, avec juste raison, dans le langage populaire que c'est le premier sommeil qui est le meilleur.

Enfin, cet hypnogramme va nous permettre de définir les deux critères principaux du sommeil à savoir : la quantité de sommeil et la qualité du sommeil.

7. La quantité de sommeil

Contrairement à une idée très courante et erronée, cette quantité de sommeil ne dépend pas seulement de la durée du sommeil à laquelle on attribue d'ailleurs une beaucoup trop grande importance.

La quantité de sommeil dépend aussi de la profondeur du sommeil et l'on peut, en simplifiant un peu, la définir comme étant le produit de la durée par la profondeur du sommeil : elle est figurée par la surface sur l'hypnogramme.

Le sommeil est à deux dimensions et on oublie presque toujours la deuxième. Cela explique que l'on puisse dormir longtemps et avoir un sommeil insuffisant en quantité ; et manquer de sommeil si celui-ci n'a pas une profondeur suffisante. Inversement, on peut très bien avoir un sommeil court mais suffisant en quantité si ce sommeil est très profond.

C'était le cas de Napoléon qui ne dormait que 4 heures (2 cycles) par nuit, ou de Thomas Edison qui, lui, ne dormait que 2 heures (1 seul cycle) par nuit.

La plupart des insomniaques cherchent vainement à augmenter la durée de leur sommeil sans se douter qu'il leur suffirait bien souvent de l'approfondir, ce qui est généralement plus facile pour résoudre leur problème.

8. La qualité du sommeil

La qualité du sommeil est un critère très important et pourtant très mal connu de la plupart et, de ce fait, négligé. Elle est liée à l'organisation interne de notre sommeil : c'est l'enchaînement harmonieux des cycles du sommeil et de chacun des stades (ou phase) à l'intérieur de chaque cycle qui est (qui mesure) la qualité de notre sommeil.

Il faut, pour avoir un sommeil de qualité, que ces cycles et ces phases se déroulent à une cadence, dans un ordre, dans une durée et une proportion déterminés. Si ce n'est pas le cas, si un seul de ces facteurs manque, nous aurons un mauvais sommeil, même si celui-ci est suffisant en quantité ;

— par exemple une phase qui n'est pas à son « *emplacement* » habituel ;

— s'il y a de fréquents passages d'une phase à l'autre, etc.

Citons deux exemples :

— Si l'on prend un somnifère (et surtout un barbiturique), la phase 4 du sommeil très profond (contrairement à ce que l'on croit car on s'imagine dormir plus profondément) et la phase 5 du sommeil paradoxal (rêve) sont écourtées. On peut donc, avec un somnifère, avoir un sommeil copieux en quantité mais c'est un sommeil de qualité médiocre beaucoup moins régénérateur sur le plan physique et psychique, ce qui crée au bout d'un certain temps des désordres.

— Une maladie qui s'appelle la narcolepsie fait plonger celui qui en est atteint directement dans la phase 5 du sommeil paradoxal sans passer par les phases du sommeil léger, profond et très profond (ou tout au moins elles sont extrêmement écourtées). Il s'agit là aussi d'un sommeil de qualité médiocre, et ceux atteints de cette maladie en sont perturbés.

Grâce à la définition de ces deux critères, on sait mieux ce qu'est le mauvais sommeil, et surtout le bon, en attendant de savoir comment l'obtenir, alors que généralement, quand on dit : *« J'ai bien dormi »,* ou *« J'ai mal dormi »,* on ne sait pas trop ce que cela veut dire. Nous sommes ainsi mieux placés pour réapprendre à dormir.

Mais, pour cela, il nous faut maintenant aller au-delà, et profiter de tous les enseignements de cette exploration d'une nuit de notre sommeil, dont le plus essentiel pour réapprendre à dormir, est basé sur ces constatations faites lors de ce voyage extraordinaire et que nous allons rappeler, car elles constituent la base même d'un certain nombre des clefs d'or du bon sommeil :

— C'est notre cerveau qui nous endort en changeant son rythme cérébral (dormir n'est pas un acte volontaire).

— C'est lui qui nous prend en charge dès l'endormissement et qui nous fait parcourir chacun des cycles et chacun des stades bien définis à l'intérieur de chaque cycle. C'est même cela le sommeil, cette mise en « *pilotage automatique* ».

— C'est encore notre cerveau lui-même qui nous éveille à la fin de chacun des cycles et qui nous réendort presque aussitôt.

— C'est enfin lui qui nous éveille définitivement lorsque nous avons assez dormi.

Et cela est vrai pour tous. Alors voici déjà ce premier grand secret : **nous devons tous faire une entière confiance à notre cerveau.**

CHAPITRE III

Les centres de l'éveil, du sommeil et du rêve

Après avoir constaté, puis admiré la merveilleuse organisation d'une nuit de notre sommeil, nous devons maintenant aller plus loin et nous interroger sur les mécanismes qui engendrent et règlent cet extraordinaire ballet dont chaque personnage, avant d'entrer en scène, connaît parfaitement son rôle.

Mais pourquoi et comment se déclenche cette ronde plusieurs fois répétée chaque nuit de l'endormissement, du sommeil et du rêve, et comment chacun de ces deux états se maintient puis disparaît ? Enfin, pourquoi et comment survient l'éveil et pour quelles raisons celui-ci se prolonge-t-il toute la journée (ou quelquefois intempestivement au cours de la nuit) pour disparaître ensuite le soir venu ? Voilà qui est passionnant et, vous le verrez, d'une grande utilité à connaître pour réapprendre à dormir.

On a découvert, assez récemment d'ailleurs, que la succession dans le temps de chacun de ces trois états (éveil, sommeil et rêve) était due à l'action alternée de trois centres, et cela par l'intermédiaire de quatre substances, quatre hormones dont la sécrétion est régie par ces trois centres.

Ceux-ci, de la grosseur d'une cerise à peu près, sont situés dans notre cerveau et plus précisément en cette partie que l'on appelle le tronc cérébral qui relie l'ensemble de notre cerveau à la moelle épinière.

Il est important de connaître dans les grandes lignes le processus d'action de ces trois centres.

1. Les neurotransmetteurs

Mais auparavant, pour mieux comprendre comment ils interviennent, il nous faut, sans entrer dans des détails inutilement compliqués, expliquer la forme et la liaison des cellules qui composent notre cerveau (appelées neurones) qui sont au nombre de plusieurs milliards.

Celles-ci sont composées d'une fibre centrale qui se termine à chaque extrémité par des sortes de mains à plusieurs doigts. Ces cellules, de proche en proche, se « *donnent la main* » les unes les autres pour assurer le passage des messages (grâce à l'influx nerveux qui est une sorte de courant électrique circulant d'une cellule à l'autre).

Mais attention ! en réalité les doigts des mains de ces cellules ne se touchent pas mais sont séparés par des substances chimiques liquides qui permettent ou non le passage de ces messages, et que l'on appelle pour cette raison des neurotransmetteurs.

Les neurotransmetteurs sont probablement très nombreux, plus d'une centaine, mais quatre seulement d'entre eux paraissent les plus impliqués dans les mécanismes d'éveil et de sommeil.

2. Les substances et mécanismes de l'éveil, du sommeil et du rêve

A l'état d'éveil, c'est le centre n° 1, dit **centre d'éveil,** qui intervient.

Il est situé en un endroit du tronc cérébral appelé *formation réticulaire* ou *réticulée* (parce que les cellules qui la composent sont agencées en réseau). Les deux hormones qu'il émet pour créer l'éveil sont la *dopamine* et la *noradrénaline* (toutes deux font partie d'un ensemble de substances appelées *catécholamine*).

Il est intéressant de comprendre comment cet état d'éveil « *s'auto-entretient* » normalement pendant la journée et intempestivement pendant la nuit.

Pour cela, il faut savoir que le centre n° 1 qui provoque cet état d'éveil par la dopamine et la noradrénaline qu'il émet, est lui-même excité et donc maintenu en état de fonctionnement par une action réciproque (encore une rétroaction) : lorsque nous sommes éveillés, nous

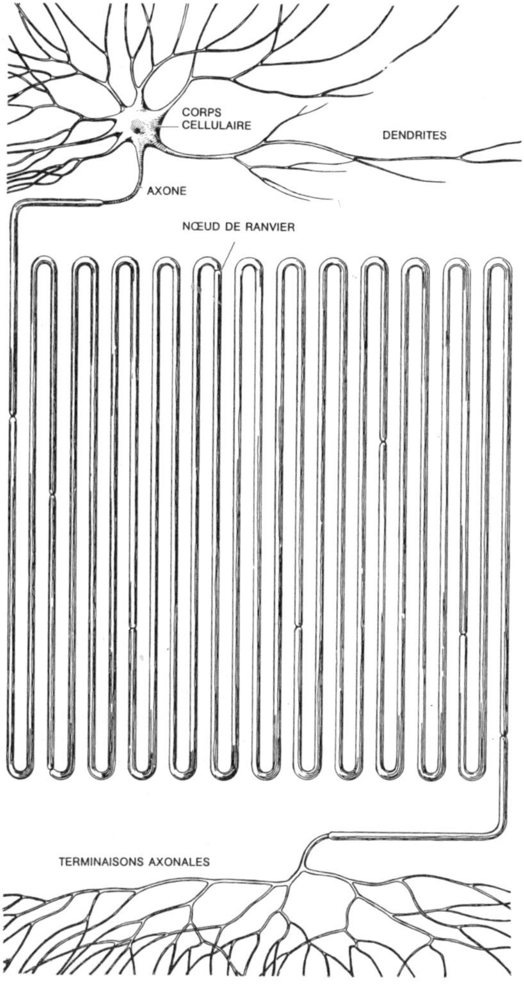

SCHEMA D'UN NEURONE

(dessin extrait de la revue *Pour la science*, n° 25 de novembre 1979)

recevons de l'extérieur, par l'intermédiaire de nos sens, ou de l'intérieur, des messages sensitifs qui parviennent jusqu'à l'écorce à la surface de notre cerveau (cortex cérébral). De même, lorsque nous sommes éveillés, notre cerveau émet des messages moteurs qui parviennent jusqu'à nos muscles par l'intermédiaire de la moelle épinière.

Or il se trouve (voir figure ci-dessous) que ces messages sensitifs et moteurs passent obligatoirement par le tronc cérébral et tout près de la réticulée, donc du centre d'éveil. Au passage, ils excitent le centre n° 1 de l'éveil et ils maintiennent ainsi ce centre en fonctionnement.

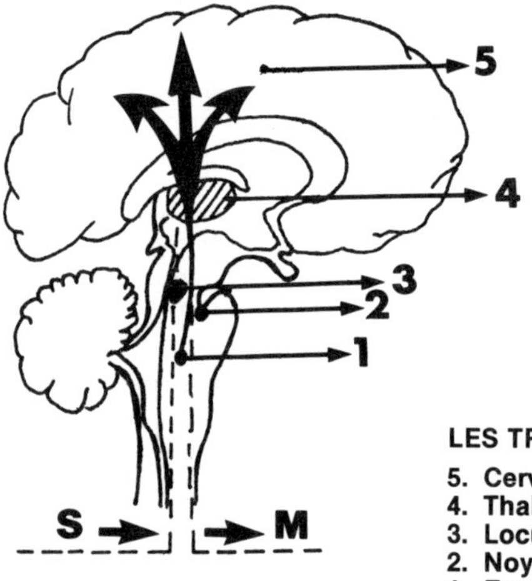

LES TROIS CENTRES

5. Cerveau.
4. Thalamus.
3. Locus coeruleus (rêve).
2. Noyaux du raphé (sommeil lent).
1. Formation réticulée (éveil).

Inversement, ce centre d'éveil, lorsqu'il fonctionne favorise les messages moteurs et aussi la réception des messages sensitifs : nous le savons bien lorsque nous sommes en éveil actif (ondes bêta). Nous avons besoin de bouger, de faire quelque chose, de communiquer (émettre et recevoir des messages : parler, écrire, écouter, regarder) ; on ne peut pas s'en empêcher, *c'est plus fort que nous.*

D'ailleurs, dans les expériences de privation de sommeil, le seul moyen que l'on ait trouvé pour maintenir quelqu'un éveillé et l'empêcher de sombrer dans le sommeil, c'est de l'obliger à faire quelque chose, à parler, à bouger, c'est de faire du bruit, de la lumière, etc.

Pour se préparer à dormir, on diminue ces messages sensitifs et ces messages moteurs : l'agitation physique, le bruit, la lumière, etc., sont moindres que dans la journée. Puis, lorsque nous nous allongeons dans notre lit et que nous éteignons la lumière, nous sommes devenus quasi immobiles, dans le noir et dans le silence.

Il y a alors une diminution massive (90 % des informations reçues nous arrivent par les yeux) des perceptions sensorielles et de notre activité physique, et donc des messages, des informations ascendantes et descendantes.

De ce fait, notre réticulée va être beaucoup moins excitée, être freinée, ralentir très fortement son activité, et l'émission de dopamine et de noradrénaline va chuter considérablement.

C'est pour cette raison que nous entrons alors dans une période de sous-éveil.

De plus, par un effet de retour, cela va diminuer la sensibilité de nos systèmes perceptifs et aussi notre motricité et nous aurons encore moins tendance à bouger. Alors l'action sur la réticulée va encore diminuer, ainsi que notre éveil, et ainsi de suite. Il y a, vous le voyez, un entraînement progressif.

Mais un autre effet analogue va alors vraiment nous conduire au sommeil, également progressivement. Il faut savoir que lorsque le centre de l'éveil fonctionne et qu'il émet sa dopamine et sa noradrénaline, ces substances inhibent le **centre (n° 2) du sommeil.** Ce centre est situé en un autre endroit du tronc cérébral, pas très loin du centre n° 1 de l'éveil, appelé **noyau du Raphé.** Cette inhibition empêche ce centre n° 2 du sommeil d'émettre la substance du sommeil : la sérotonine.

Dès que le centre de l'éveil ralentit et commence à se mettre « *en sommeil* », le centre du sommeil va pouvoir se « *réveiller* » car cette barrière de l'inhibition commence à se lever. Et, par un autre effet de rétroaction, cette sérotonine (substance du sommeil) va se mettre elle-même à inhiber le centre de l'éveil, lequel va donc de ce fait d'une part émettre de moins en moins de dopamine et de noradrénaline (substances de l'éveil) et, d'autre part, grâce à cela, de moins en moins inhiber le centre du sommeil, lequel va devenir de plus en plus actif, et ainsi de suite. Vous voyez encore ce deuxième effet progressif de rétroaction.

Eh bien, c'est grâce à ces deux *réactions en chaîne* que le sommeil va pouvoir progressivement remplacer l'éveil ! C'est grâce à elles que nous sommes conduits tout doucement vers le sommeil, puis que nous y entrons et enfin que ce sommeil va devenir de plus en plus profond.

Vous voyez pourquoi on n'entre pas instantanément dans le sommeil, mais par une progression, un cheminement, une descente en pente douce, ou plutôt par des marches d'escalier, par étapes, par degrés successifs, et pourquoi il n'est pas un état fixe.

Puis, 90 minutes environ après notre endormissement, va entrer en action un troisième centre (centre n° 3 sur la figure p. 58) qui est le **centre du rêve** (ou plutôt du sommeil paradoxal).

Ce centre est situé en un endroit du tronc cérébral appelé *Lucus Cœruloeus* (« *endroit bleu* » en latin à cause de mystérieux points bleus qui le caractérisent). Ce centre du rêve, qui était resté *silencieux* jusqu'alors, va maintenant commencer à émettre comme le centre de l'éveil de la dopamine et de la noradrénaline, substances de l'éveil.

C'est pourquoi notre cortex cérébral va fonctionner exactement comme dans l'éveil, avec une activité au moins aussi grande, et va émettre les mêmes ondes bêta caractéristiques de l'éveil (extrêmement rapides et de très faible amplitude).

Pour bien montrer l'extraordinaire enchaînement de toutes les étapes, et que chaque étape en réalité prépare la suivante, ajoutons que le rêve est préparé par certains dérivés chimiques de la sérotonine, substance du sommeil. L'apparition du rêve nécessite donc un bon fonctionnement du système du sommeil profond.

De plus, pour que le dormeur ne se réveille pas physiquement pendant son rêve et pour empêcher qu'il vive réellement son rêve physiquement et se lève, un dispositif très curieux va se déclencher ; le centre du rêve va émettre une autre substance : l'**acétylcholine.**

C'est cette substance qui va paralyser complètement le dormeur et faire tomber à zéro son tonus musculaire ; c'est elle aussi qui va également le couper et l'isoler complètement du reste du monde. En effet, elle coupe au passage tous les influx moteurs émis par le cortex cérébral et elle coupe aussi dans l'autre sens tous les messages sensitifs qui, de ce fait, n'arrivent plus jusqu'au cortex cérébral.

L'action de ce centre du rêve va durer entre 15 et 30 minutes suivant le cycle de sommeil considéré puis, assez brusquement, s'arrête.

Alors notre cerveau est prêt pour une nouvelle ronde, un nouveau cycle, car il se trouve qu'il est revenu exactement dans les mêmes conditions qu'à l'entrée du cycle précédent.

Tout cela, vous le voyez, est très bien réglé, et une fois qu'elles ont rempli leur office, ces substances sont détruites par des enzymes : les oxydases.

Les enzymes sont des substances chimiques qui agissent sur une autre pour la transformer. Ce sont en fait des protéines. Elles sont stockées en des endroits précis de l'organisme. D'un acide aminé, elles font un neurotransmetteur par exemple, puis elles le détruisent et les produits déchets qui en résultent sont en général éliminés par les urines.

Bien sûr, le sommeil ce n'est pas seulement une question de chimie, mais c'est tout de même cet extraordinaire ballet de l'apparition de ces trois substances, à des instants déterminés, en quantités précises, qui agissent en des endroits et à des niveaux différents, et leur disparition qui assure le bon déroulement, l'enchaînement et le *désenchaînement,* le maintien et le degré successivement de notre éveil, de notre sommeil et de notre rêve.

Il faut ajouter (nous verrons que cela est très précieux à connaître et à respecter pour un bon endormissement et, ce qui est peut être encore plus profitable, un bon éveil) que des horloges très précises, à l'intérieur de nous-mêmes, qui ne sont jamais en panne, ni n'avancent ou ne retardent (sauf si on est vraiment malade), règlent l'activité de ces trois centres.

Celle-ci, comme celle de tous nos autres organes, passe à des heures précises par des temps forts et des temps faibles. Le rythme de ceux-ci est celui des cycles que nous avons décrits précédemment, c'est-à-dire de presque deux heures.

Ce sont ces cycles que nous devons suivre pour nous endormir et nous éveiller sans problème. En comprenant mieux les mécanismes du sommeil que nous venons de décrire, vous en comprendrez mieux maintenant la raison. Notons qu'ici encore nous avons volontairement simplifié la description de ces mécanismes : il s'agissait d'en connaître seulement le principe pour aborder maintenant ces fameuses « *clefs d'or* » du bon sommeil.

Malgré cette simplification, peut-être tout cela vous paraîtra-t-il un peu compliqué à la première lecture et vous faudra-t-il alors le relire. Faites-le, car ces mécanismes, dont l'extrême ingéniosité doit nous extasier, sont importants à saisir.

3. Cinq remarques essentielles

Pour parvenir plus facilement encore à réapprendre à dormir, nous voulons ajouter quelques remarques qui concluront ce chapitre en mettant en exergue les points fondamentaux à retenir, les points « *clefs* ».

1re remarque : l'importance de ce que nous absorbons (qui apporte les matériaux nécessaires à la fabrication de ces neurotransmetteurs ou qui modifie la chimie de notre corps), c'est-à-dire la nourriture, la boisson, les médicaments.

Prenons l'exemple de l'acétylcholine qui intervient dans le rêve : elle est fabriquée à partir de deux substances alimentaires très courantes : la choline (contenue par exemple dans le jaune d'œuf) et l'acide acétique assez répandus dans la nature.

2e remarque : l'importance de ces neurotransmetteurs, et donc de notre sommeil et de notre rêve, sur l'ensemble de notre vie. Citons le docteur Edmond Schuller (*les Insomnies et le sommeil,* Robert Laffont) : « *L'acétylcholine est le neurotransmetteur du fameux " système parasympathique " si à la mode il y a quelques années et à qui on attribuait tant de responsabilités dans les " malaises " divers (en particulier digestifs) constatés chez des sujets un peu nerveux et anxieux. On sait maintenant que tous ces neurotransmetteurs (la dopamine et la noradrénaline agissent sur le système " sympathique ") ont une action non seulement sur la vie dite " végétative " (celle des organes comme le tube digestif, les poumons, le cœur) mais aussi (et surtout) sur les centres nerveux dits " supérieurs ", c'est-à-dire ceux qui gouvernent la pensée, l'action, la mémoire et le cycle veille-sommeil-rêve... Le sommeil et le rêve sont parmi les activités les plus élaborées, les plus importantes de notre vie intérieure et non plus des " interruptions " ou des " échappements " dans le cours de notre vie.* »

3e remarque : l'importance qu'il y ait juste la dose de ces neurotransmetteurs. S'il y a par exemple trop de dopamine ou trop de noradrénaline ou pas assez de sérotonine, parce que nous sommes trop agités physiquement, ou mentalement, ou parce que l'on a absorbé des excitants, alors notre centre d'éveil ne peut plus s'éteindre et l'on ne peut plus s'endormir. Cela paraît banal et évident, mais pourquoi alors l'oublie-t-on si souvent ?

4e remarque : aucun état ne survient brusquement, tout d'un coup, mais seulement progressivement, et chacun doit être préparé par l'état qui l'a précédé.

5e remarque (la plus importante) : tous ces mécanismes, pour l'adulte qui n'est pas malade, fonctionnent tout seuls. Ce n'est que dans la mesure où l'on intervient, et même simplement où l'on cherche à intervenir, où l'on veut soi-disant mettre de l'ordre là où il y a déjà un ordre naturel, que ce fonctionnement est contrarié et, à la longue même, déréglé puis détraqué.

Cela montre bien, une fois encore, que l'entière confiance en la nature qui a tout prévu est la première règle d'or, celle que justement nous allons énoncer dès le début de la deuxième partie de ce livre.

Elle sera la base même de notre première clef d'or du bon sommeil car, vous le verrez, la solution pour retrouver, conserver et améliorer son sommeil, aussi curieux que cela puisse paraître car cela semble contraire à l'objet même de ce livre, est si possible de se désintéresser totalement de son sommeil.

Et c'est paradoxalement en vous intéressant d'abord à ces mécanismes, que vous aurez compris que vous devez, pour bien vous endormir et pour bien dormir, les laisser fonctionner dans la plus parfaite indifférence.

DEUXIÈME PARTIE

Retrouvez votre sommeil

Chaque soir lorsqu'il se met au lit,
l'humain est un **« sac de problèmes »...**

CHAPITRE IV

La peur et le sommeil

« *L'homme, ce puits d'inquiétude...* » (Charles Péguy)

« *Je n'ai pas d'autre ennemi à craindre que la peur.* » F.-P. Knowles *(la Peur)*

« *La peur abat plus de gens que n'importe quel fléau au monde.* » (Emerson)

1. La peur, problème n° 1

La peur est le problème n° 1 du sommeil (comme elle l'est aussi pour la vie de l'éveil). Cela est vrai pour tous, même pour ceux qui sont seulement des insomniaques occasionnels. Nous verrons que résoudre ce problème de la peur constitue une sorte « *d'arme absolue* » contre l'insomnie, même pour les insomniaques permanents.

Cette peur est liée à une énorme ignorance de la quasi-totalité des humains vis-à-vis de leur sommeil, car on a peur de ce que l'on ne connaît pas. Et cette raison justifierait à elle seule la première partie de ce livre destinée à vous familiariser avec votre sommeil.

Mais une question se pose : est-il bien judicieux et souhaitable d'agiter, au risque peut-être de vous troubler encore plus, toutes les peurs qui reposent, tapies quelquefois au tréfonds de vous-même ? Eh bien, nous sommes persuadé que ce n'est point en feignant de les ignorer, en niant même leur existence, et en tout cas en les écartant comme si l'on en avait peur, ou au moins peur d'en parler, que nous les ferons disparaître !

Ce n'est pas en escamotant ce problème que nous le résoudrons, et c'est pourquoi nous allons assez longuement l'aborder ensemble, car ces peurs ne s'en iront pas toutes seules.

S'il est vrai que ces peurs sont amplifiées par l'obscurité et même qu'un certain nombre d'entre elles n'apparaissent qu'avec la nuit, elles doivent alors s'évanouir en les mettant « *en lumière* ». Pour les « *exorciser* », en quelque sorte, peut-être vaut-il mieux les apprivoiser que les fuir, en démonter le mécanisme même si « *une peur ne se raisonne pas* ». Surtout, nous le verrons, qu'aucune de ces peurs n'est fondée.

D'ailleurs, il ne s'agit pas tant de connaître ces peurs elles-mêmes que de mieux connaître ce dont on a peur sans raison.

De toute façon, on y a presque toujours intérêt, car tout, ou presque, est toujours moins redoutable qu'on ne le croit, qu'on ne le craint, et cela est particulièrement vrai en ce qui concerne notre sommeil et ses problèmes.

Essayons donc d'en savoir plus sur toutes ces peurs et surtout sur leur objet, d'abord en nous rendant compte à quel point elles ont envahi notre sommeil ; car elles empoisonnent notre sommeil tout comme elles empoisonnent notre vie. Elles ne sont d'ailleurs que le prolongement de celles qui dominent l'ensemble de notre vie.

Certains psychologues considèrent même que la peur est la grande, et même l'unique maladie : celle qui engendre toutes les autres. Lorsque nous disons que la peur empoisonne notre existence, cela doit s'entendre sur le plan psychique, comme sur le plan physique. Des expressions comme : « *se faire du mauvais sang* », « *être de mauvaise humeur, se faire de la bile* », etc., correspondent à des réalités concrètes.

Il y a, bien sûr déjà, toutes les peurs collectives que l'on entretient : par exemple la peur atomique, cette grande peur des temps modernes. Celles aussi qu'entretiennent les religions occidentales : peur du péché, de l'enfer, du diable, de la damnation éternelle, d'un Dieu vengeur, etc.

Il y a aussi toutes les peurs individuelles dont la plus présente (quoique peut-être la moins consciente et la moins reconnue) est celle de la mort (et son corollaire, la peur de vieillir).

La vie est un « *suspens* » permanent, car ce merveilleux cadeau qu'est la vie (tous les vivants ont de la chance, a dit Jean Giraudoux) peut nous être retiré d'une seconde à l'autre. Il en est de même d'ailleurs de tout le reste : la richesse, la santé, l'intelligence, la beauté, etc.

Il y a aussi un très grand nombre d'autres peurs : peur du lendemain, de l'échec, des responsabilités, etc. Et celle-ci, universelle : la peur des autres humains et du « *qu'en-dira-t-on* ».

Nous sommes d'ailleurs pris dans un filet de peurs contradictoires : on a peur de manquer et, dès que l'on possède quelque chose, on a peur de le perdre, l'enfant a peur de ses parents, mais dès qu'ils sont absents, il a peur qu'ils ne reviennent plus. Toutes ces peurs font que l'humain n'est plus depuis longtemps un animal paisible, serein ; c'est un animal tourmenté.

Et toutes ces peurs ne disparaissent pas avec le soleil, bien au contraire : elles se prolongent. L'homme les emporte avec lui dans son voyage quotidien, celui du sommeil où elles viennent le contrarier.

2. La peur du sommeil lui-même et de ce qui l'entoure

Mais il y a, dans le sommeil, bien d'autres peurs que celles venant de la vie de l'éveil. Certaines d'entre elles sont des peurs ancestrales car, pour l'homme préhistorique, la nuit (et donc le sommeil qui est son compagnon) étaient synonymes de danger, avec les bêtes féroces qui rôdaient et, avant l'invention du feu il y a environ 700 000 ans, ces dangers étaient les pires, ceux que l'on ne voit pas : dans la nuit, nous le savons, tout devient effrayant (une ombre, le moindre craquement).

Les Anciens, parce qu'ils redoutaient le sommeil, l'avaient déifié. Il est vrai que pour eux, comme pour beaucoup de peuples encore actuellement, le sommeil était une mort provisoire, et ils craignaient le sommeil comme on craint la mort.

N'appelle-t-on pas encore le sommeil « *la petite mort* » ? A l'âge de 5 ans, Dostoïevski a épinglé sur son oreiller : « *Je ne suis qu'endormi, je ne suis pas mort. Attendez cinq jours avant de m'enterrer.* » Il exprimait ainsi l'angoisse dans le sommeil des enfants et même de beaucoup d'adultes.

Pour beaucoup d'entre nous également, l'univers du sommeil, faute de le connaître, est un univers hostile, un trou noir et profond dans lequel on tombe, un « *puits d'incertitude* », comme l'a écrit Charles Péguy, empli de chaos et de désordre. Et l'on s'accroche, inconsciemment, alors qu'au contraire le sommeil est, nous le savons, un lâcher-prise total.

D'ailleurs, l'humain ne peut s'endormir que s'il a un sentiment de sécurité qui est le contraire de la peur.

Au Moyen Age, il y avait un homme qui passait à intervalles réguliers la nuit, dans les rues des villes. Il était payé pour crier à tue-tête, plusieurs fois par nuit : « *Dormez braves gens, tout va bien.* » Et les habitants, rassurés, se rendormaient d'un sommeil plus profond.

« *Dormir, c'est se désintéresser* », a dit Bergson. Or on ne peut à la fois se désintéresser et avoir peur. Et cette peur, non seulement retarde notre endormissement, mais elle nous empêche d'avoir un sommeil profond et réparateur.

Savez-vous que tous les animaux chassés, traqués (le lièvre par exemple), qui vivent dans la peur, ont un sommeil léger et les animaux chasseurs (le lion par exemple) ont un sommeil très profond ? Le chat errant ne connaît qu'un sommeil léger, alors que le chat domestique vivant dans un univers sécurisant, sans problèmes de dangers et de nourriture, dort beaucoup plus longtemps et beaucoup plus profondément.

Une même vache, à l'étable a un sommeil paisible et beaucoup de sommeil du stade 4 (très profond). Lorsqu'elle dort dans le pâturage, elle a surtout du sommeil du stade 2 à cause de la peur.

Or, l'humain qui est un animal chasseur vis-à-vis des autres animaux, est un animal chassé vis-à-vis des autres humains et même vis-à-vis de lui-même, ou tout au moins le croit-il car il vit dans le conflit : conflit intérieur, et conflit avec tout ce qui l'entoure. Il vit dans « *l'insécurité sociale* » qui est un antisommeil.

Chaque soir, lorsqu'il se met au lit, l'humain est un « *sac de problèmes* », et il lui est difficile de sombrer dans la quiétude et l'indifférence indispensables pour s'endormir. Non seulement nos peurs ne s'éteignent pas avec notre lampe de chevet, mais elles sont au contraire amplifiées par le noir.

Tout d'abord, en nous allongeant, nous avons l'impression d'être devenus plus vulnérables et nous nous sentons plus faibles et plus désarmés comme des enfants que nous sommes redevenus. Le fait d'être en position horizontale contribue également à cette impression.

Mais, de plus, être dans l'obscurité et, qui plus est, être seul, contribue à ce processus de dramatisation : ce qui dans la journée nous paraît insignifiant, prend des proportions démesurées et cela crée la latence de l'endormissement, ou vous réveille, ou en tout cas trouble votre sommeil.

Il est vrai que dans la journée, nos occupations, nos distractions nous détournent de nos peurs ainsi que la présence des autres humains.

La nuit, lorsque nous sommes isolés, elles apparaissent et dès que nous avons éteint la lumière, nos difficultés, nos soucis, nos contrariétés sont comme projetés sur l'écran de notre petite télévision personnelle ; pour certains, c'est même le grand écran de leur cinéma intérieur, ou quelquefois du cinérama, à triple écran.

Souvent un flot d'idées, de sentiments nous envahissent, en général plutôt sombres. Tout se passe comme si le fait d'éteindre la lumière assombrissait, noircissait aussitôt nos pensées. Nous commençons à ressasser les péripéties de notre journée et de notre vie, et surtout celles « *négatives* » qui nous ont marqué : toutes nos déceptions, nos échecs et aussi nos craintes, y compris celles du lendemain. Tout cela fait s'enfuir le sommeil, un peu comme s'il avait peur lui aussi.

Comme le dit le docteur Mathieu : « *Si la nuit tous les chats sont gris, toutes les idées, elles, sont noires.* » On se met la nuit, pardonnez-moi ce jeu de mots, à « *broyer du noir* ».

Et puis, pour nous tous, non seulement les peurs de la journée se prolongent et sont amplifiées, mais même tout se passe comme si des frayeurs nouvelles naissaient avec l'obscurité.

Il est vrai que, dès l'enfance, les parents font tout ce qu'ils peuvent pour entretenir cette peur ancestrale du noir en racontant à leurs enfants des histoires que l'on ne peut même pas qualifier d'histoires « *à dormir debout* » : des histoires de loups-garous, de croquemitaines, de marchand de sable qui viendraient emmener les enfants qui ne dorment pas. Quelle absurdité !

Il est vrai aussi qu'ils font également tout pour rendre le sommeil plutôt antipathique aux enfants, car celui-ci est présenté comme une sanction et une mise à l'écart. « *Si t'es pas sage, t'iras au lit.* » Et ceux-ci ne vont plus au lit qu'à regret. De plus, lorsque l'on est enfant, c'est bien connu, on a peur de la solitude.

Toutes ces peurs, et notamment cette dernière, subsistent dans notre subconscient lorsque nous sommes devenus adultes.

On a dit : « *Bien dormir, c'est d'abord être capable d'être seul* », et le docteur Soubiran a écrit : « *La solitude nocturne fait jaillir vos démons de votre boîte crânienne.* »

C'est d'ailleurs cette même peur qui a poussé tous les animaux et les humains, pendant des milliers de siècles, à dormir groupés les uns avec les autres, comme le pratique encore actuellement une grande partie de l'humanité : la chambre à coucher individuelle n'est qu'une invention récente, elle n'est apparue qu'au XVe siècle.

Il y a la peur du silence ; le silence complet, pour certains, est anxiogène : il leur faut, pour être rassurés, des petits bruits familiers.

Mais il est d'autres peurs plus difficiles à percevoir. Par exemple celle due à une perte de la notion de temps, et aussi à la perte de la notion de l'espace qui crée une désorientation. C'est pour la faire disparaître qu'existe ce que l'on appelle « *le rite corporel d'endormissement* » qui pousse tous les humains, petits ou grands, comme d'ailleurs tous les animaux, à se blottir, à se nider, à rétrécir ses limites pour les sentir physiquement ; il ne faut surtout pas le contrarier pour permettre une approche et une descente confiante dans le sommeil.

Le fait aussi de ne plus avoir les « *pieds sur terre* » (parce que nous descendons des reptiles qui sont en contact avec le sol et, plus près de nous, les lémuriens) crée sûrement une peur inconsciente.

Voici une autre peur, moins consciente encore peut-être. Dans le sommeil, nous perdons ce que nous croyons être notre identité, notre moi de l'éveil, ce fameux moi fictif, inventé par notre intellect et pourtant auquel nous tenons tant et auquel nous nous accrochons ; ou plutôt c'est ce moi qui nous agrippe, car il ne supporte pas d'être dessaisi de son autorité. Or, il ne peut être là en même temps que le sommeil car, pour nous endormir, il doit y avoir une dissolution progressive et préalable de ce moi comme nous l'avons précédemment constaté (voir chap. II).

Il en est qui se lèvent pour allumer et se regarder devant une glace afin de vérifier qu'ils existent toujours. Ils ont craint de s'être noyé dans le sommeil.

Il y a aussi cette peur que personne n'avoue : le sommeil est un rendez-vous avec soi-même, avec son vrai moi. Or, certains ne suppor-

Certains craignent de se noyer dans le sommeil...
(peinture de Lagarrigue, parue dans la revue « **Lui** »)

tent pas ce « *face à face* » avec eux-mêmes, cette confrontation. Le sommeil est un dialogue avec eux-mêmes et ils le redoutent.

Alors, voyez-vous, c'est justement pendant cette période délicate, fragile mais essentielle, cette période de présommeil où l'on devrait voguer paisiblement vers le sommeil, c'est à ce moment que l'on est assailli par toutes ces peurs qui provoquent en nous des pensées, des images, des couleurs et même des sons, des sensations étranges et quelquefois effrayantes, qui peuvent chasser le sommeil. La peur excite notre sens de l'éveil qui fabrique alors de la dopamine et de la noradrénaline, substances de l'éveil.

Mais ces peurs ne s'arrêtent pas toujours lorsque le sommeil finit par arriver : il y a les terreurs nocturnes, les cauchemars, le sommeil agité ; il y a aussi, plus souvent, les rêves violents.

Ecoutons le docteur Soubiran qui, avec des termes à peine forcés, décrit ce qui, quelquefois, se passe dans notre tête lorsque nous dormons : « *Par les nuits les plus calmes, dans un quatre pièces bourgeois d'une rue paisible, des vents imaginaires font claquer les volets, des diables ricanent au pied du lit, les morts se lèvent menaçants, une guerre atomique éclate, et toutes ces folies deviennent plus réelles que la réalité.* »

Déjà, lorsque l'on est enfant (et les frayeurs nocturnes sont classiques chez les enfants), on rêve de fantômes, de cambrioleurs, d'animaux sauvages et il est vrai que pour eux (comme pour nous d'ailleurs) les rêves, à ce moment-là, sont la réalité. Certains n'osent pas s'endormir parce qu'ils craignent leurs rêves, ou un rêve répétitif qui les poursuit.

Alors, pour toutes ces raisons, et souvent de manière très inconsciente (je le répète car certaines personnes pourraient penser qu'elles ne connaissent pas ces peurs ou que nous les avons exagérées), on a peur de son sommeil et on a même presque peur d'aller au lit, comme l'enfant qui, la nuit précédente, a rêvé qu'il y avait un tigre dans son lit.

3. La peur de son insomnie

« *La peur est faite d'ignorance et d'incertitude.* » (Professeur Robinson)

Si l'on a peur de son sommeil, on a aussi peur de son contraire, c'est-à-dire de son insomnie.

On a peur de son insomnie et des longues attentes qu'elle implique, la nuit, en solitaire. L'on se sent inquiet, et même coupable, de rester éveillé tandis que les autres dorment, et cela fait également fuir le sommeil. Si, le plus souvent à l'origine, cette insomnie n'est pas déclenchée par la peur elle-même (c'est quelquefois le cas), c'est presque toujours cette peur qui la prolonge dans la nuit et dans le temps, car les nuits suivantes on se couche avec l'appréhension de ne pas dormir qui devient bientôt une obsession, une hantise avec une idée fixe : dormir.

On a peur de ne pas « *fermer l'œil* » de la nuit, alors que c'est pratiquement impossible, et cette peur porte d'ailleurs un nom : *l'agrypniaphobie,* l'agrypnie étant la suppression totale du sommeil par exemple pendant toute une nuit (au sens étymologique : « *veiller dans les champs* »).

Et l'on aboutit à cette première absurdité que l'on crée quelquefois, et souvent prolonge, par la peur, ce dont on a peur.

Mais il y a une absurdité encore plus énorme : on a peur aussi et surtout des conséquences de son insomnie ; celui qui n'arrive pas à trouver le sommeil, ou qui se réveille sans pouvoir se réendormir croit, se dit et se répète qu'il faut absolument qu'il dorme sinon le lendemain, il ne sera pas en forme, sera somnolent, fatigué et peu lucide. Or, c'est justement quand il faudrait qu'il dorme bien parce qu'il a le lendemain quelque chose d'important (examen, conseil d'administration, conférence, épreuve sportive, etc.) et qu'il aura besoin de toute sa forme, ses forces, son courage et sa clarté intellectuelle, que justement la crainte de ne pas dormir (avec ses conséquences) fait que le sommeil se refuse ou n'est pas bon.

Il faut savoir que non seulement cela « *bloque* » et contrarie le sommeil, mais que c'est cette peur des conséquences qui crée ces conséquences mêmes car, au lieu de récupérer son énergie (ce qui est un des buts du sommeil) cette peur au contraire « *mange* » de l'énergie en créant l'énervement, puis l'épuisement par fuite d'énergie nerveuse, créant l'agitation physique : on se tourne et se retourne dans son lit ou on se lève.

Notons que c'est vers trois heures du matin que ces peurs, si l'on est réveillé, atteignent un certain paroxysme car, à ce moment, nous sommes au point « *zéro* » du nycthémère (cycle jour nuit de 24 heures). C'est le moment où la nature est la plus en état de manque.

4. Dissoudre nos peurs

« *La seule chose que nous devons craindre, c'est la crainte elle-même.* » (F.-D. Roosevelt)

Nous verrons comment, par notre septième et dernière clef, dissoudre nos peurs de la journée puisque certaines des peurs de la nuit n'en sont que le prolongement.

Mais, dès maintenant, et cela sera notre première étape vers la libération de nos peurs, il faut aller au-delà de ce que nous a dit le président Roosevelt dans la petite phrase mise en exergue.

Il faut d'abord savoir, pour cela, que ces peurs sont le lot commun de tous, et que l'on n'est pas pour autant un détraqué, ni un malade atteint de « *sinistrose* ». Tous les humains sont ainsi, même les plus sereins, les plus optimistes, les mieux équilibrés. Cela s'explique d'ailleurs par certaines hormones que maintenant l'on connaît et qui sont sécrétées le soir par notre organisme. Alors, puisque c'est ainsi, puisque c'est normal, acceptons-le et ne nous en préoccupons pas.

Il faut aussi que l'humain cesse d'être craintif vis-à-vis de son sommeil et de ce qui l'accompagne. Il faut absolument réconcilier l'humain avec son sommeil. Il faut le réhabiliter à ses yeux, car le sommeil n'est absolument pas ce qu'en disait Kant : « *Un état d'ordre inférieur, incohérent et improductif.* »

Non seulement il est un cadeau extrêmement précieux puisqu'il a été donné à l'homme pour restaurer son énergie et ainsi se prolonger la vie, mais aussi parce que, grâce justement au silence et à la solitude, il est un refuge unique où nous pouvons nous retirer des dangers de la vie et les oublier.

Il y a même cette chose extraordinaire que le plus grand criminel peut dormir en toute sécurité puisque, vous le savez, même la police ne peut rien contre lui : la loi elle-même le protège et personne ne peut le déranger entre le coucher et le lever du soleil. C'est d'ailleurs tout à fait remarquable, cette loi qui considère le sommeil comme sacré et intangible.

D'autre part, nous le savons, le sommeil en soi n'a absolument rien de redoutable, bien au contraire ; il est une « *activité* » merveilleusement bien organisée, dans ses moindres détails ; tout le contraire de l'aléatoire et de l'incertitude, du chaos, du désordre (sauf si nous en avons peur).

Lorsque nous nous abandonnons à lui, sans réserve comme nous le devons pour bien nous endormir, et que nous sommes devenus inertes et sans défense, nous ne sommes pas des enfants perdus, abandonnés ou à la dérive mais, à l'inverse, parfaitement guidés, accompagnés, car de remarquables horloges biologiques veillent à chaque instant sur nous et sur le bon déroulement de toutes nos fonctions, à commencer par celle du sommeil.

Est-ce qu'avant de nous endormir nous nous préoccupons de savoir si nous allons continuer à respirer ou si notre sang va continuer à circuler ? Alors pourquoi nous préoccuper de notre sommeil ?

En réalité, comme nous l'avons constaté, dans le sommeil c'est notre cerveau lui-même qui se charge de tout. La Nature a tout prévu pour que nous puissions, dans le sommeil et avec une confiance totale, sombrer dans le désintérêt et l'oubli.

Nous devons le faire d'autant plus volontiers que, non seulement nous n'avons rien à craindre, mais que c'est la condition même du bon sommeil. Mais il faut aussi que vous sachiez que même votre insomnie elle-même n'a rien de redoutable. En effet, elle n'aurait que très peu d'importance, très peu de conséquences si elle n'était accompagnée de la peur, car, il faut encore le répéter, ce n'est pas tellement l'insomnie elle-même ni le manque de sommeil qui fatiguent et mangent de l'énergie, c'est la peur elle-même.

On a fait de nombreuses expériences : pendant plusieurs nuits des sujets sont restés sans dormir, mais en état de détente, de relaxation physique et psychique, en rythme alpha ; ils sont restés en bonne forme physique, mentale, affective (notons en passant qu'il a fallu les entraîner, car il est très difficile de rester éveillé et en état de détente sans s'endormir). Il faudrait que cela se sache.

Vous connaissez tous la fameuse expérience d'Alain Bombard qu'il a racontée dans un livre intitulé : *Naufragé volontaire*. Il a traversé l'Atlantique, seul, sans vivres, sur un petit bateau pneumatique, uniquement pour prouver que ce n'était ni la faim, ni la soif, ni le froid qui tuaient (les naufragés, dans une grande proportion, mouraient pendant la première semaine de leur naufrage) ; c'était la peur. Rien que d'avoir fait cette expérience, cela sauve encore chaque année, trente ans après, des milliers de vies humaines.

Les insomniaques sont des naufragés sur l'océan de la nuit, et c'est la peur de leur insomnie et de ses conséquences qui tue leur sommeil. L'on peut, pour les insomniaques occasionnels — comme pour les insomniaques permanents — sauver leur sommeil en dédramatisant l'insomnie. Il suffit, pour cela, qu'ils arrêtent de se culpabiliser sous prétexte qu'ils ne dorment pas pendant que les autres dorment.

Car, le plus important pour eux, ce n'est pas tellement de dormir, c'est de rester tranquille, calme, détendu, immobile. Aucune insomnie ne résiste, dit-on, à plus d'un quart d'heure d'immobilité.

Retenez cette phrase clef : « *L'insomnie (comme d'ailleurs beaucoup d'autres choses) n'a d'importance que celle que vous lui attribuez.* »

Evidemment, cela a l'air en contradiction avec ce que nous avons developpé au début de la première partie de ce livre en montrant les conséquences fâcheuses du mauvais sommeil, mais nous avons bien insisté : ces dégâts n'apparaissent qu'à la longue, par effet de cumul.

Sur une période qui n'est pas trop prolongée, l'insomnie a des conséquences quasi nulles à condition de ne pas s'en préoccuper et donc de rester tranquille dans son lit.

S'il en est ainsi, le sommeil, sauf cas particulier, et grâce à cela, sera revenu bien avant que cette insomnie ait eu le temps d'avoir des répercussions sur votre santé ou même sur votre forme : vous pouvez donc être entièrement tranquillisé.

C'est par votre inquiétude, non seulement que vous fabriquez vous-même votre insomnie, mais surtout que vous la rendez préjudiciable. Si, au contraire, vous restez serein et détendu (et cela est encore plus vrai si vous avez appris les techniques de la relaxation profonde) vous récupérerez, même sans dormir, la quasi-totalité de votre énergie physique et psychique.

Voilà qui est probablement nouveau pour vous et donc étonnant, mais vrai et donc très rassurant. Lorsque vous en serez vraiment *imprégné,* et pas seulement au sens intellectuel de ce mot, vous aurez supprimé la quasi-totalité de vos insomnies.

5. Les idées fausses et nocives sur le sommeil

« *Il faut, une fois dans sa vie, se défaire de toutes les opinions que l'on a reçues et reconstruire de nouveau et dès le fondement le système de ses connaissances.* » (R. Descartes)

« *L'esprit n'aime pas les idées inconnues pas plus que le corps les protéines inconnues et il y résiste avec la même énergie.* » (Wilfried Trotter)

« *Viens avec ton cœur, n'appporte rien du monde et ne raconte pas ce que disent les gens.* » (Edmond Rostand)

Les très nombreuses idées fausses que l'on nous a inculquées sur le sommeil contribuent largement à créer toutes ces peurs, car ce sont elles qui nous culpabilisent. Et, sur le sommeil et le rêve, il en existe plus que dans tout autre domaine, transmises de génération en génération comme le sont certaines tares héréditaires. Il nous faut donc maintenant rectifier quelques-unes de ces erreurs malheureusement bien ancrées en nous.

a) Le quota de sommeil

Voici déjà l'une d'entre elles, peut-être la principale : presque tous, nous croyons que nous avons besoin d'une quantité quasi constante de sommeil chaque nuit.

D'un jour à l'autre vous mangez plus ou moins suivant votre appétit, car cet appétit traduit généralement un besoin de nourriture, variable quotidiennement pour notre organisme.

Il en est de même pour notre sommeil, et c'est une idée absurde (même dangereuse) de croire que nous devons chaque nuit dormir le même nombre d'heures. On entend souvent dire : « *Cette nuit, j'ai mal dormi, je n'ai dormi (par exemple) que 4 ou 5 heures.* » Eh bien non, on n'a pas forcément mal dormi, on a seulement dormi moins longtemps, c'est tout !

Cela nous paraît toujours très curieux d'ailleurs, qu'il ne vienne à l'idée de presque personne que si l'on n'a pas dormi plus c'est tout simplement parce que, cette nuit-là, l'on n'avait probablement pas besoin de plus de sommeil.

De le savoir vous aurait évité de vous en tracasser inutilement avec les répercussions que maintenant vous connaissez.

Des spécialistes du sommeil disent que tous les 27 ou 28 jours, il y a 2 ou 3 nuits où l'on a besoin de moins de sommeil. Cela est en rapport avec le cycle lunaire de 27,5 jours et théoriquement, même, les nuits de pleine lune l'on a besoin que de très peu de sommeil.

La lune, comme le soleil, est le synchroniseur de notre sommeil (comme ils le sont de beaucoup d'autres de nos fonctions). Notre sommeil obéit aux mêmes lois que les marées qui, vous le savez, sont commandées par l'influence combinée de la lune et du soleil.

Il ne faut pas oublier d'ailleurs que la vie est née au fond des océans, et que nous sommes constitués de plus de 60 % d'eau... de mer. Il y a donc pour notre sommeil des marées, grandes et petites.

Certains peuples, restés plus près que nous de la nature et de leurs propres rythmes biologiques naturels le savent et, les nuits de pleine lune, ils chantent et dansent une grande partie de la nuit, et n'ont pas pour autant sommeil le lendemain.

Lorsque l'on dit par exemple : « *J'ai besoin de 7 h 30 de sommeil par nuit* », il s'agit d'une moyenne calculée sur un grand nombre de nuits, mais ce n'est pas forcément vrai pour chacune de nos nuits.

Lorsque l'on dit, le sommeil c'est environ le tiers de la vie, cela ne veut pas dire qu'il doit, quotidiennement, représenter le tiers des 24 heures.

b) Les huit heures de sommeil

Il faut d'ailleurs savoir que ce n'est pas non plus le tiers de la vie pour tout le monde et que cette fameuse loi des 8 heures de sommeil pour chacun dont nous parlerons dans notre deuxième clef d'or du bon sommeil, est fausse et nocive.

Le besoin de sommeil est encore plus variable d'un individu à l'autre qu'il ne l'est pour chacun d'une nuit à l'autre, et l'on doit rassurer ceux qui se croient insomniaques en leur apprenant peut-être qu'ils ne sont pas forcément insomniaques en dormant moins et même beaucoup moins que ces fameuses 8 heures. Certains, qui ne sont pas insomniaques, se contentent par exemple de 4 à 6 heures de sommeil par nuit.

D'ailleurs, nous avons déjà montré que le temps n'est pas le seul moyen de mesurer la quantité de sommeil et que la durée donc n'en est pas le seul critère ; il est peut-être plus important de dormir plus profondément que plus longtemps.

A ce propos, on peut aussi dire à ceux qui ont passé une nuit soi-disant mauvaise (parce que courte) que la profondeur de leur sommeil a peut-être compensé sa faible durée.

Mais, surtout, le besoin de sommeil en quantité n'est pas le même pour tous, car il y a les gros dormeurs et les petits dormeurs (comme il y a les gros et les petits mangeurs), et les uns ne sont pas forcément de bons et les autres les mauvais dormeurs.

c) L'éveil pendant le sommeil

Une autre idée fausse très répandue est de croire qu'il est anormal de s'éveiller pendant la nuit.

Nous avons montré, lors de l'exploration d'une nuit de sommeil, que toutes les deux heures environ nous revenons à l'éveil.

Tout le monde s'éveille, chaque nuit à la fin de chaque cycle (donc plusieurs fois), et il est normal que notre cerveau nous réendorme aussitôt, mais cela ne lui est possible que si l'on n'en contrarie pas le fonctionnement par notre peur de ne pas nous réendormir.

Et c'est là encore que l'on voit bien que c'est cette auto-intoxication de la peur qui empêche le déroulement normal du sommeil, le fonctionnement naturel et automatique des cycles du sommeil qui se succèdent et s'enchaînent les uns aux autres. C'est notre inquiétude qui, après cet éveil périodique, peut nous empêcher de replonger dans le sommeil, par le seul fait peut-être que l'on ne sait pas que cet éveil est normal.

d) Idée fausse sur le manque de sommeil

D'autre part, il faut aussi que nous sortions de cet engrenage psychologique qui est provoqué par cette autre idée fausse : si on ne dort pas, on va avoir une mauvaise journée le lendemain.

Prenons cet exemple, malheureusement très classique : on a quelque chose d'important ou de difficile le lendemain, et on va au lit en se disant : « *Il faut absolument que je dorme cette nuit.* » Déjà ainsi, on retarde son endormissement et l'inquiétude s'installe : « *Mon Dieu je ne vais pas être en forme demain, et il faut pourtant absolument que je le sois.* » Alors on se tourne et se retourne dans son lit à la recherche de la meilleure position pour la venue du sommeil et à la poursuite d'un sommeil, de ce fait, de plus en plus hypothétique.

Ayant ainsi dépensé de l'énergie au lieu de la récupérer, on n'est en effet pas en forme le lendemain, ce qui semble bien confirmer les craintes de la veille (aussi est-il, en fait, très difficile d'effacer cette idée pourtant fausse car on a, croit-on, des preuves indéniables, indiscutables).

Et puis, si ce que l'on a d'important ou de difficile à faire se prolonge sur plusieurs jours, alors le lendemain soir on va au lit en se disant : « *J'ai mal dormi la nuit dernière, cette nuit il faut absolument que je rattrape* » ; l'inquiétude se réinstalle et c'est encore fichu pour une bonne nuit. Et cela peut encore durer.

Voilà comment se comportent plus ou moins consciemment et plus ou moins souvent un grand nombre d'entre nous. Voilà l'enchaînement qu'il faut rompre, l'engrenage qu'il faut casser.

6. L'arme absolue contre l'insomnie

Le meilleur somnifère c'est la tranquillité de l'esprit, et l'arme absolue c'est l'indifférence. Pourquoi ? Parce que c'est en étant indifférent à votre sommeil et à votre insomnie que, non seulement vous avez toutes les chances de replonger rapidement dans le sommeil mais, en plus, même si ce n'est pas le cas, vous supprimerez pratiquement les conséquences mêmes de l'insomnie.

Oh ! bien sûr, on ne peut pas pousser ce raisonnement à l'extrême et rester sans dormir sans inconvénient un grand nombre de nuits. Mais si vous restez vraiment indifférent, votre sommeil sera revenu bien avant que ce que nous venons de vous dire ne soit faux.

Si elle n'est pas prolongée pendant des semaines, votre insomnie est pratiquement sans danger, et elle l'est en tout cas beaucoup moins que l'anxiété provoquée par l'idée qu'on ne dort pas et la crainte des conséquences hypothétiques.

Rappelons cette parole de Bergson : « *Dormir c'est se désintéres-*

ser », et c'est se désintéresser de tout, à commencer par se désintéresser de son sommeil et de son insomnie.

Il est important aussi de savoir qu'il y a chez l'humain (comme probablement chez tous les autres animaux) un système de sécurité qui agit de telle manière que si, pour une raison quelconque, vous n'avez pas eu, une certaine nuit, votre ration de sommeil, cela n'a aucune importance car la nature qui, comme pour toutes nos autres fonctions a tout prévu, vous fera elle-même récupérer la nuit ou les nuits suivantes ce manque par un sommeil plus récupérateur : par exemple plus profond, ou en vous faisant savoir que vous avez besoin d'un cycle de plus (voir chap. V). Cela bien sûr, à la condition essentielle de ne pas vous en inquiéter.

Nous l'avons dit déjà, notre cerveau connaît nos besoins de sommeil, et si nous ne le contrarions pas, il adaptera lui-même votre sommeil à ceux-ci : c'est une fonction dont il est chargé, dont il s'acquitte très bien sans nous, nous devons lui faire confiance.

Le bon sommeil est avant tout une question de confiance (cela est une autre phrase clef) : confiance en la nature, confiance en nous-même, en notre sommeil, en notre cerveau. Confiance totale, confiance qui est le contraire de la peur.

Cette parole de l'Evangile s'applique remarquablement à notre sommeil : *« Ne vous préoccupez pas du lendemain, hommes de peu de foi. »*

C'est la peur du lendemain et de notre insomnie qui nous empêche d'entrer dans le royaume du sommeil. Il est écrit dans le livre *Insomnuit* (du docteur Yves Pélicier) : l'insomniaque est un *« programmatique » : « C'est quelqu'un qui n'a pas confiance et veut mettre un ordre là où il y a justement un ordre naturel. »*

Et, en faisant cela, il crée le désordre. Lorsque vous étiez enfant, votre cerveau savait vous endormir et vous éveiller ; vous n'étiez justement pas insomniaque.

On a demandé à un maître Zen qui savait s'endormir n'importe quand en quelques secondes : *« Comment faites-vous ? »,* il a répondu : *« J'ai confiance et c'est tout. »*

7. Rassurer les insomniaques

On sait maintenant qu'il y a environ la moitié de ceux qui se croient insomniaques qui sont de faux insomniaques. Donc, si vous pensez être insomniaque, sachez que vous avez une chance sur deux que cela ne soit pas exact. Mais supposons même que vous soyez un vrai insomniaque.

De nombreux relevés ont été réalisés par les appareils que nous vous avons décrits, et ce dans différents pays ; ils ont montré que les insomniaques dorment beaucoup plus qu'ils ne le croient. Nous avons d'ailleurs expliqué les raisons de cette erreur d'appréciation.

Enfin, toute insomnie est réversible, même profonde et ancienne, sauf en cas de lésion cérébrale grave, mais s'il en était ainsi vous n'auriez pas pu vraisemblablement arriver jusqu'à cet endroit de ce livre.

8. La peur : péché capital

La peur devrait figurer dans les sept péchés capitaux. C'est elle qui engendre dans la journée presque tous nos conflits intérieurs et extérieurs, individuels ou collectifs (la plupart des guerres ont la peur comme cause profonde). Et la nuit, elle engendre aussi presque toutes vos insomnies.

Sachez enfin que cette clef a déjà rendu le sommeil à beaucoup.

Il s'agissait, pour cette première clef, d'un sujet un peu sévère : aussi nous voudrions citer maintenant un extrait d'un des plus beaux livres que nous connaissions, *le Prophète* de Khalil Gibran (Casterman), qui vous montrera que la solution de ce problème de la peur est au-dedans de vous-même :

« Si c'est une inquiétude que vous voulez chasser, cette inquiétude a été choisie par vous-même bien plus qu'elle ne vous a été imposée.

« Et si c'est une peur que vous voulez dissiper, le siège de votre peur est en votre cœur et non dans la main que vous redoutez.

« En vérité, toutes choses se meuvent en votre être intime, celles que vous désirez et celles que vous craignez, celles qui vous répugnent et celles que vous chérissez, celles que vous poursuivez et celles que vous voulez fuir. Les choses se meuvent en vous comme des lumières et des ombres, par couples, étroitement unies, et quand l'ombre s'affaiblit et disparaît, la lumière qui s'attarde devient l'ombre d'une autre lumière. »

CHAPITRE V

Personnalisez votre sommeil

« Il est nécessaire à tout homme qui se veut conserver en estat de santé, d'user avec discrétion et mesure du sommeil et de la veille, et de sçavoir comment, quand et combien il doit dormir ou veiller. »

Le Médecin charitable par Philibert Guybert
(chez Louys Odin, 1640)

1. Le sommeil sur mesure

Nous ne sommes pas des objets de série, et c'est pourtant l'erreur fondamentale qui a été commise face au sommeil : de vouloir édicter des règles passe-partout comme si les humains étaient « standardisés ».

En réalité, le grand secret à connaître pour réapprendre à dormir, et il constituera votre **deuxième clef** : savoir personnaliser son sommeil, c'est-à-dire savoir dormir « *à son style* » qui n'est pas le même pour tous. Pour le sommeil on ne peut faire que du « *sur mesure* ».

Nous avons appris à connaître le sommeil. Il s'agit maintenant d'apprendre à nous connaître par rapport au sommeil car, si tous les humains sont égaux « *sous le soleil* » comme dans le sommeil, cela ne veut pas dire qu'ils doivent tous avoir le même sommeil. Il faut au contraire donner « *à chacun son sommeil* ».

Les humains sont tous nos semblables mais il n'y a aucun humain qui soit identique à un autre. Il faut donc respecter la personnalité de chacun.

« *Accepter la différence.* » On nous dit que c'est le défi de l'avenir pour notre vie de l'éveil. C'est aussi celui du sommeil.

Les différences apparaissent très tôt : une étude menée en Californie sur des nouveau-nés a montré que, contrairement à ce que l'on croyait, certains avaient besoin de deux fois et demie plus de sommeil que d'autres : ils dormaient 23 heures sur 24, alors que 10 suffisaient à d'autres du même âge.

Ce n'est que lorsque l'on a commencé à reconnaître ces différences que l'on a rendu le bon sommeil aux nouveau-nés comme aux adultes. Le bon sommeil est celui qui vous convient à vous ; il ne convient pas forcément à votre conjoint, à votre voisin de palier, ou à votre collègue de bureau.

Malheureusement, l'organisation sociale a tendance à appliquer à tous un calendrier et une horloge universelle et à nous traiter ainsi comme des numéros (encore que les horaires « *glissants* » dans les sociétés soient un premier pas).

Mais nos montres biologiques, celles qui règlent notre vie, notre temps intérieur, n'indiquent pas toutes la même heure et ne battent pas toutes la même mesure, les mêmes rythmes. Vous voyez l'erreur qui a été commise et qu'il s'agit de réparer.

Chacun de nous a donc, doit donc avoir un sommeil qui lui est propre, qui ne convient qu'à lui, qui lui est personnel, unique. Et ce n'est que dans la mesure où il s'en écartera, dans n'importe quel sens d'ailleurs, que son sommeil cessera d'être bon et que surviendra l'insomnie (ou l'hypersomnie), qu'il cessera d'être content de son sommeil et qu'il sera un insomniaque (ou un hypersomniaque, ce qui n'est guère mieux).

Un insomniaque est quelqu'un qui a un sommeil insuffisant. Mais insuffisant par rapport à quoi ? Seulement par rapport à ses propres besoins et non par rapport à de soi-disant normes qui ne sont que des moyennes. C'est pourquoi il est si important de connaître nos propres besoins de sommeil et, pour cela, de se connaître. « *Connais-toi toi même et tu connaîtras l'univers et les dieux.* » Ce fameux grand principe d'Aristote doit gouverner l'ensemble de votre conduite, car il est vrai pour votre sommeil comme pour la totalité de votre vie.

« *Le plus grand savant,* a dit Krishnamurti, *c'est celui qui se connaît lui-même.* » A aucune autre activité humaine cette phrase ne s'applique mieux qu'à votre sommeil, et pour cela il est important de « *s'écouter* ». On entend dire parfois : il ne faut pas s'écouter. Eh bien, ceux qui vous disent cela, « *ne les écoutez pas* » *!*

On aboutit donc à cette notion de dormir « *juste* », du sommeil « *ajusté* » aux mesures de chacun.

Mais quels sont donc les critères de son propre sommeil que chacun doit connaître (le but de cette deuxième clef sera justement d'apprendre à chacun sur le plan pratique à les déterminer) ?

Ils sont simples, à énoncer en tout cas : le moment où nous devons aller nous coucher et celui où nous devons nous lever, ou si vous voulez : l'un de ces deux critères est la durée de votre sommeil.

2. Nos horloges intérieures

Pour s'endormir et pour s'éveiller sans problème, il faut respecter nos rythmes, nos cycles du sommeil. Pour cela, la règle à observer est simple : aller se coucher quand on a sommeil et s'éveiller quand on n'a plus sommeil.

Voilà le secret, le secret majeur, celui que tous les animaux connaissent et respectent d'instinct et que la quasi-totalité des humains a oublié et ne respecte plus (l'homme, rappelons-le, est le seul animal insomniaque).

Mais nous voudrions maintenant faire un petit détour pour montrer qu'il s'agit là d'une loi fondamentale de l'Univers. L'Ecclésiaste a écrit, deux siècles et demi avant Jésus-Christ :

« Il y a un temps pour chaque chose
un temps pour chaque projet sous le ciel
un temps pour semer et un temps pour récolter
un temps pour naître et un temps pour mourir. »

Et nous ajouterons : il y a un temps pour s'endormir et un temps pour s'éveiller.

Pendant plus de 3 millions d'années (30 000 siècles) l'humain comme tous les autres vivants, plantes ou animaux, a vécu au rythme de ses cycles naturels. Mais, depuis quelques siècles, il a disloqué le temps.

La médecine elle-même, qui ne s'est intéressée qu'à notre anatomie, a ignoré que, suivant l'expression de Gay Gaer Luce, *le Temps des corps* (Hachette) : « *Nous étions fait de temps autant que de chair et d'os.* »

Et au fil des jours, si nous sommes esclaves de nos montres ou de l'horloge qui est au mur, nous vivons, ignorants, inconscients, oublieux des horloges pourtant encore plus impérieuses, qui sont au-dedans de nous-même.

Et l'homme marche... à côté de ses rythmes et même à contre rythme. Il vit, il essaye de s'endormir, et s'éveille à contretemps.

La médecine est en train de redécouvrir la chronobiologie qui n'est qu'une branche d'un domaine plus vaste : la rythmique, mélange de science et de technique.

C'est le seul aspect vrai du temps qui, tel qu'on le conçoit habituellement, n'est qu'un concept, une sensation, un produit de la mémoire.

La médecine commence à s'apercevoir qu'une des grandes clefs de la santé et du bon sommeil est justement le respect des rythmes et, en particulier, de nos rythmes intérieurs. Etre en mauvaise santé, c'est surtout la conséquence d'un non-respect de son système interne d'horlogerie aux rouages nombreux et compliqués qui, tous, s'entraînent les uns les autres comme les engrenages d'une pendule. Les rythmes perturbés font les gens perturbés aussi bien physiquement que psychiquement, ceux qui ne « *tournent pas rond* » et entre autres ne dorment pas bien.

La loi des cycles s'applique aussi bien à l'ensemble du règne minéral qu'au règne du vivant : végétal et animal, et cette loi s'applique à l'infiniment grand : les étoiles tournent à des vitesses vertigineuses autour de l'axe de leur galaxie, les planètes autour de leurs étoiles et aussi sur elles-mêmes.

Elle s'applique aussi à l'infiniment petit : les électrons d'un atome tournent autour de leur étoile qui est le noyau de cet atome et les particules élémentaires elles-mêmes (tels par exemple les protons) vibrent à une fréquence prodigieuse qui dépasse notre entendement : autant de fois par seconde qu'il y a de secondes dans 7 millions de milliards d'années. Comme dit Robert Lynssen : « *L'univers lui-même n'est qu'un gigantesque édifice de mouvements vibratoires.* »

Les rythmes innombrables de cet univers forment un ballet grandiose, et règlent par exemple sur notre terre les années, les saisons, les marées et tant d'autres cycles.

Cette loi s'applique aussi à nous qui sommes, à une échelle intermédiaire, entre l'infiniment petit et l'infiniment grand. Elle règle la totalité de notre vie, toutes nos fonctions, chaque détail et chaque instant de notre existence qui n'est elle-même qu'une continuelle alternance de temps forts et de temps faibles.

Presque tous ces rythmes nous viennent d'ailleurs de la nature qui nous entoure et certains du lointain cosmos. C'est notre cerveau (merveilleux poste récepteur et émetteur) qui les capte. Il est un radar, en communication permanente jour et nuit avec l'ensemble de l'univers. Et cette loi s'applique aussi bien à notre vie de l'éveil qu'à celle de notre sommeil.

Si nous nous sommes un peu attardé sur cette loi fondamentale des cycles, c'est pour vous montrer son universalité et surtout l'importance pour notre vie du respect de cette loi. Il faut absolument que vous la respectiez pour votre sommeil. C'est la première étape de sa personnalisation.

Nous savons déjà que notre sommeil obéit à un cycle d'environ deux heures, mais il obéit aussi à un autre cycle : le cycle circadien de 24 heures (précisons que le texte des deux chapitres qui vont suivre concernant l'endormissement et l'éveil est largement inspiré des écrits et paroles de Mme J. Bouton).

3. On n'entre pas dans le sommeil comme dans un moulin

« *On ne commande à la nature qu'en lui obéissant.* » (Claude Bernard)

Lorsque vous voulez aller vous coucher, vous regardez votre montre ou la pendule et vous vous dites : il est l'heure. Or, il n'y a rien qui démolit plus le sommeil que les montres et les pendules.

Celle qu'il faut consulter pour aller se coucher c'est sa propre pendule intérieure.

a) Le soporifique naturel. Pourquoi ?

Nous avons vu que dans l'éveil actif, notre cerveau bat au rythme bêta : ondes très rapides (30 pulsations par seconde). Mais notre cerveau ne peut pas constamment soutenir ce rythme endiablé. Il a besoin de temps en temps, à intervalles réguliers, de changer de rythme, de changer de vitesse et de ralentir (c'est environ toutes les 2 heures, qui est un cycle biologique de base de l'espèce humaine).

C'est vrai dans la journée, et cela veut dire que notre cerveau a besoin seulement de passer en éveil passif (10 par seconde) ne serait-ce que quelques minutes comme l'ensemble de notre organisme (ce n'est pas de la fatigue comme on le croit). Mais c'est vrai aussi le soir et de manière plus accusée encore ; cela veut dire que notre cerveau désire alors nous endormir et, pour cela, ralentir au-delà de 10 par seconde. Nous avons vu que, justement, l'approche du sommeil, l'entrée et la descente dans le sommeil correspondaient à un ralentissement très important des ondes cérébrales.

Rappel : Rythme alpha d'abord à 10 par seconde correspondant à un état intermédiaire entre l'état de veille et l'état de sommeil, état de présommeil.

Puis rythme thêta à 5 par seconde qui correspond au basculement dans le sommeil.

Enfin sommeil profond : ondes delta (1 par seconde).

Quand nous passons par ces points faibles, et que le cerveau cherche à se mettre en alpha, de lui-même, tout seul, et à nous endormir, il faut bien sûr en profiter, car ce sont les moments les plus favorables. C'est là qu'on a le plus de chance de s'endormir sans aucun problème, très rapidement et même très agréablement : c'est voluptueux (dixit Mme J. Bouton) de s'endormir à l'heure cérébrale.

Certes on peut arriver à s'endormir à d'autres moments, mais c'est beaucoup moins facile et on risque d'avoir un endormissement problématique, aléatoire et qui peut être long. C'est donc très contre-indiqué à ceux qui ont des problèmes de sommeil. Au contraire, environ toutes les deux heures (l'intervalle et l'heure dépendent du cycle de chacun), tout se passe comme si la nature nous versait un soporifique naturel très puissant : c'est l'hormone du sommeil (sérotonine) émise par notre cerveau (centre du sommeil). Notre cerveau endort ainsi notre corps.

Avouez que ce n'est pas se comporter de manière intelligente ou même seulement faire preuve de bon sens que de refuser un soporifique naturel, d'avoir des problèmes de sommeil, et même dans certains cas d'être obligé de prendre un soporifique chimique, sous prétexte que l'on s'est couché à contretemps, à contre rythme sans tenir compte de sa propre pendule intérieure.

Par contre, si vous les respectez, alors Sa Majesté le sommeil vous ouvre, à ces moments-là, toutes grandes les portes du sommeil, mais bien sûr, si nous les ignorons ou les dédaignons, quand elles se sont refermées il est plus difficile de se les faire ouvrir.

Prenons d'autres images pour bien faire comprendre ce point essentiel : tous les soirs, la marée du sommeil vient à nous, régulièrement, à heure fixe. Et lorsque son flot bienfaisant nous envahit, nous devons nous laisser entraîner sans résister, sinon nous resterons échoué sur le sable, lamentablement, en attendant le prochain reflux. Eh bien, c'est cela l'insomnie !

Que penseriez-vous du commandant d'un bateau qui, au sortir du port, ne tiendrait aucun compte des heures des marées ? Eh bien, c'est ainsi que nous nous comportons chaque soir ! De plus, à attendre la prochaine vague, la prochaine marée haute, parce qu'elle ne vient pas assez vite, on s'énerve tellement qu'on la rate encore.

b) Le train du sommeil

On dit aussi que le sommeil se prend comme un train. Malheureusement, on passe son temps à rater son train. Pourtant, ce train du sommeil qui passe toutes les deux heures environ, a des horaires précis comme ceux de la S.N.C.F. Il n'est jamais en grève, ni en panne (sauf si on est malade) et est toujours à l'heure.

Alors, on peut se demander si un signal nous avertit du passage de ce train comme s'il y avait par exemple une sonnerie qui retentirait ou une lampe qui s'allumerait. Eh bien, oui ! Et c'est précisément notre cerveau qui est chargé de nous envoyer des messages et ainsi de nous avertir : « *J'ai besoin que vous m'aidiez à vous endormir.* » Mais il ne peut le faire que si nous sommes consentants.

c) Les messages personnels

Quels sont donc ces messages ? Ils sont nombreux et très caractéristiques, et c'est leur concomitance qui est le signal.

Il y a d'abord le bâillement répété et qui a été condamné par les règles de politesse. Puis, tout à coup, on se sent la tête lourde, le muscle de la nuque ne la porte plus et elle s'abaisse, puis remonte (car on réagit), et cela à plusieurs reprises, comme un marteau qui enfonce un pieu, d'où le terme de « *pioncer* ». On « *pique du nez* », ou bien on a le réflexe de soutenir sa tête entre ses mains.

Puis, comme dans le sommeil, on a les pupilles des yeux qui montent sous la voûte orbiculaire. Les yeux se révulsent et le regard, au lieu de rester comme dans l'éveil actif parallèle au sol, se met à plafonner (comme si on regardait le plafond) et l'on dit que « *l'on n'a plus les yeux en face des trous* ».

Les paupières aussi deviennent lourdes et l'on a du mal à garder les yeux ouverts. Nos glandes lacrymales ne fonctionnent plus très bien, alors l'humidité des yeux se tarit : on se frotte les yeux qui se mettent à vous picoter, comme si l'on avait du sable dans les yeux ; on dit « *c'est le marchand de sable qui passe* ».

Vous voyez que ces expressions correspondent à des réalités concrètes.

D'autre part, nous avons vu que lorsque l'on est en éveil actif, on a toujours envie de faire quelque chose. Il faut que l'on bouge, que l'on s'agite, que l'on cogite. Il y a un besoin aussi de communiquer, de parler, d'écouter. Mais, quand notre train passe, on coupe brusquement la communication. Si on est avec des amis ou devant la télévision, tout d'un coup on n'a plus envie de suivre les conversations, de parler, d'écouter ou de regarder les images : cela ne nous intéresse plus (vous voyez l'acheminement vers le désintérêt du sommeil).

Il en est de même si l'on est en train de lire ; les yeux se brouillent, il y a un flou du regard qui correspond à un flou cérébral : ça « *tourne un peu* » comme si l'on avait bu une coupe de champagne. Un engourdissement mental nous saisit, avec non pas exactement l'envie de ne plus penser à rien, mais l'envie de ne plus guider ses pensées, de les laisser aller en dérive mentale.

Sur le plan physique, il y a aussi une sorte de ralentissement, d'engourdissement général. On n'a plus envie de remuer. Si on est debout, on a envie de s'asseoir, et si on est assis d'appuyer sa tête sur ses deux avant-bras croisés sur la table (qui n'a pas fait cela à l'école ?). On aurait même envie de s'allonger si on s'écoutait vraiment. Vous voyez donc les messages que notre cerveau nous adresse pour nous dire : « *Il est l'heure, votre train va entrer en gare.* » Et ces messages personnels, personnalisés, existent pour tout le monde ; ce sont eux qu'il faut comprendre et respecter.

Mais en fait que se passe-t-il ? La quasi-totalité des humains ignore l'existence de ces messages : personne ne lui a rien dévoilé ; d'ailleurs, même si on l'avait fait, il ne les percevrait presque plus car il est devenu un étourdi. Il n'est plus à l'écoute de lui-même et de ses besoins profonds à force de vivre à la surface de lui-même.

Il est distrait par toutes les informations qu'il reçoit de ses sens car il est littéralement bombardé d'informations : chaque neurone de notre cortex cérébral reçoit 20 000 informations par seconde, dont 90 % par les yeux. Et nous avons des milliards de neurones. On comprend pourquoi périodiquement le cerveau est saturé d'informations. Le soir, par exemple, on est littéralement « *hypnotisé* » par la télévision qui est l'invention idéale pour rater son train (s'il y avait la télévision dans la salle d'attente des gares, il y aurait beaucoup de trains manqués).

Ou alors on est absorbé à lire, pour certains à travailler, pour d'autres à parler (l'humain est devenu un « *verbeux* »). Et l'on ne « *sent* » pas son train passer.

D'ailleurs, même si on s'en apercevait, on n'en connaît plus la signification, le code, et l'on traduit ce passage de manière erronée.

On se dit : « *Tiens, j'ai un coup de pompe* » ou, s'il s'agit de quelqu'un d'autre, un ami : « *Qu'est-ce que tu as, tu ne te sens pas bien* », ou à sa femme : « *Tu fais la tête ?* », ou à un enfant qui pique du nez à table : « *Veux-tu te tenir comme il faut* » (comme s'il s'agissait d'un manque d'éducation), etc.

Presque personne ne pense que c'est le signal du sommeil et qu'il faut lui obéir. Alors que fait-on ?

Eh bien, généralement, au lieu d'aller au lit, on se contente d'un petit somme devant la télé par exemple mais, le plus souvent, on fait un effort pour se « *remettre les yeux en face des trous* », on lutte pour obliger notre cerveau à revenir en rythme bêta et souvent c'est un café ou une pilule dans la journée (alors qu'une petite « *pause parking* » suffirait) et le soir une cigarette, ou de l'alcool par exemple !

Or, cela équivaut à donner un grand coup d'accélérateur alors que votre moteur cérébral voudrait ralentir et qu'il a déjà « *serré les freins* ». Vous voyez l'énorme erreur. Alors qu'arrive-t-il ?

Nous allons prendre une comparaison : vous êtes au volant de votre voiture et vous sentez que votre moteur peine et voudrait ralentir. Si vous êtes un bon conducteur, vous « *levez le pied* » de l'accélérateur et même vous allez vous mettre au parking. Si vous êtes un mauvais conducteur, vous « *écrasez* » encore plus l'accélérateur pour maintenir la même vitesse, et alors, assez vite, votre moteur va atteindre la surchauffe.

Eh bien, c'est ce qui arrive aussi à notre cerveau mais, ce que souvent on n'ose pas faire pour son moteur parce que cela peut coûter cher, on le fait pour son cerveau ne sachant pas que ça coûte aussi très cher ! Rappelez -vous : « *Il faut payer le prix de toute chose.* »

Et puis, lorsque l'on est en pleine surchauffe, une demi-heure après par exemple, on regarde sa montre ou la pendule et on dit : « *Tiens, il est l'heure que j'aille me coucher.* » Et on ne trouve pas le sommeil car le cerveau est en surchauffe ; il faut attendre, pour qu'il recommence à freiner, le passage du prochain train.

Car quelle est cette heure qu'indique la pendule ? elle ne fait qu'indiquer où en est la rotation de la terre à l'endroit où nous nous trouvons. Est-ce là une conduite intelligente de son sommeil, un comportement d'adulte responsable de soi-même ?

Voilà la première démarche à faire pour réapprendre à conduire son sommeil. Voilà peut-être le premier article du code de la route du sommeil : s'intéresser à ces messages si précieux qui permettent à chacun de repérer ses propres cycles, c'est-à-dire les heures de passages et **la durée de ce cycle qui est l'intervalle de temps qui s'écoule entre deux passages successifs du** « *train sommeil* ».

Ce cycle est probablement ce que l'on a de plus important à connaître, plus que tout le reste : par exemple que son poids, ou sa taille (ou son tour de taille pour les femmes). Et pourtant tout le monde connaît ses mesures, et pratiquement tout le monde ignore son cycle et son heure cérébrale.

Voici enfin quelques précisions complémentaires :

Le sommeil, obéissant à un deuxième cycle (le cycle circadien), notre train sommeil passe chaque soir, à quelques minutes près, toujours aux mêmes heures.

D'autre part, quand votre train entre en gare, il est inutile de vous précipiter (vous reviendriez en rythme bêta) ; il vous attend quelques minutes.

Mais, inversement, si vous êtes en train de lire, ne dites pas : je vais terminer ce chapitre, il ne manquerait pas de vous arriver ce qui arriverait à celui qui, sur le quai d'une gare, voudrait terminer son chapitre : rater son train.

Notons cependant enfin qu'on peut s'endormir entre les « *passages du train* », mais c'est plus difficile.

En somme, il faut aller se coucher lorsque l'on a sommeil. Cela ne veut pas dire d'ailleurs de se coucher toujours à la même heure mais à heures fixes de deux heures en deux heures environ.

D'ailleurs, il est curieux de constater que généralement on respecte cette règle pour manger. On mange pratiquement à heure fixe quand l'estomac crie famine, et on ne pense pas à respecter cette même règle pour dormir.

Et ces appels de notre cerveau que l'on écoute et auxquels on obéit pour toutes nos autres fonctions (lorsque l'on a besoin d'évacuer, lorsque l'on a soif, froid ou chaud, etc.) n'est-il pas extrêmement curieux de constater que lorsqu'il s'agit de notre sommeil nous devenons aveugles et sourds ?

Dans d'autres civilisations qui respectent plus le sommeil que la nôtre, on peut même s'endormir dans la journée quand on en a envie.

4. Ne pas manquer non plus sa sortie (éveil)

a) Se lever du mauvais pied

Cette même bêtise que l'on commet chaque soir (de ne pas consulter pour aller se coucher sa montre biologique), on va la renouveler le lendemain matin avec des conséquences encore plus fâcheuses.

Quatre-vingt-neuf pour cent des humains en Occident (nous dit une statistique) se réveillent avec un réveille-matin : que se passe-t-il ?

On a de fortes chances d'être réveillé avant la fin d'un cycle, et cela est très fâcheux car, après le traumatisme auditif de la sonnerie du réveil, il y a un traumatisme cérébral par rupture de rythme et passage brusque de nos ondes cérébrales, de 3 oscillations par seconde (sommeil stade 2 par exemple) à 30 oscillations par seconde (éveil), et cela est une source de fatigue cérébrale.

Il vous faut, de plus, faire un gros effort pour rétablir la communication qui était coupée avec votre environnement car vous êtes désorienté dans l'espace et dans le temps, et vous ne savez plus où vous êtes et où vous en êtes. Vous ne savez même plus qui vous êtes, dans l'instant, et il vous faut, pour vous retrouver vous-même, vous reconstituer, « **recoller les morceaux** » à grand-peine et cela prend de l'énergie et du temps. Les yeux rougis n'arrivent pas à se remettre en place (en face des trous), il faut les y obliger, et les paupières gonflées s'ouvrent mal.

Tout cela est reçu désagréablement. On est contrarié et cela est une source de fatigue physique et nerveuse qui se cumule, car répétée chaque matin pendant des années et des années, jusqu'à provoquer un stress physique et psychique important.

Sans compter que si vous avez sauté ou interrompu la dernière tranche de sommeil paradoxal, celle qui est en général la plus longue, vous êtes en état de manque car vous n'avez pas eu votre content de rêve.

Or on sait que c'est le sommeil paradoxal qui est le plus réparateur, le plus précieux sur le plan psychique. C'est lui qui vous sert justement par exemple à lutter contre le stress et contre les effets destructeurs de la vie moderne ; il est vital pour votre équilibre nerveux.

C'est pour cela aussi qu'on est mal dans sa peau, qu'on se réveille de « *mauvais poil* ».

Toutes ces raisons, dont nous n'avons énuméré rapidement que les principales, font que vous avez perdu en quelques instants une partie du bénéfice d'une nuit reconstituante. Il n'est pas étonnant alors qu'on se réveille plus fatigué que la veille au soir, ce qui est tout de même un comble après une nuit de sommeil, donc de repos, de régénération physique et psychique.

Cela s'appelle « *se lever du mauvais pied* », ou « *se lever du pied gauche* », et on croit avoir mal dormi alors que tout simplement on a manqué son éveil.

Rien ne va plus, un rien nous agace et on a l'impression que tout et tous sont contre nous. On n'a pas envie de se lever ni d'affronter une journée de travail et de problèmes à assumer. On est brumeux, vaseux, nauséeux, pâteux, à moitié réveillé pour toute la matinée, sinon pour toute la journée car on peut très bien ne pas arriver à se remettre complètement de ce choc initial.

Cela est particulièrement vrai, bien sûr, dans l'heure qui suit le réveil, car tout se passe comme si le cycle continuait même après son interruption, et même se prolongeait et n'arrivait pas à se terminer. Et souvent, sans que l'on s'en rende bien compte, cela nous gâche toute la journée et même l'endormissement et le sommeil de la nuit suivante.

Il est évidemment préjudiciable, sur tous les plans (physique, intellectuel et affectif), de commencer sa journée par trois traumatismes : auditif, cérébral auxquels on ajoute un traumatisme visuel en allumant la lumière et en ouvrant les yeux brusquement après avoir passé plusieurs heures dans le noir puisque en état de cécité complète pendant tout notre sommeil.

Ces erreurs ne sont d'ailleurs que le prélude de toutes celles, elles aussi facilement évitables (qui sont l'objet de nos autres clefs), que l'on va commettre tout au long de la journée et qui vont continuer à démolir notre sommeil de la nuit suivante.

Il y a des gens qui vous disent : « *Je n'y comprends rien. J'ai pourtant bien dormi. Comment se fait-il que je sois crevé et que je n'arrive pas à me réveiller ?* » D'autres vous sortent cette énormité : « *J'ai tellement bien dormi que je n'arrivais plus à me réveiller.* » Or, la caractéristique du bon sommeil est d'être en forme, et tout de suite.

Mais après un tel lever, que se passe-t-il ? on est bien sûr obligé de prendre un dopant (café, thé, chocolat qui contiennent tous de la caféine), une cigarette ou une pilule ou, juste avant le travail, un « *coup de blanc* », etc. Cela aussi est une bêtise de plus, et même constitue encore un comble : que l'on soit obligé, pour repartir, de prendre un excitant, un stimulant, c'est bien qu'il y a quelque chose qui ne convient pas, une erreur grossière que l'on commet.

b) Ne jamais interrompre un cycle de sommeil

Eh bien, cette erreur énorme que l'on commet dès le matin, elle est tout simplement, comme pour l'endormissement, de ne pas respecter ses cycles de sommeil et de se réveiller à contretemps, à contre rythme, à contre-courant ! Alors que faire et comment l'éviter ?

Il faut s'éveiller à la fin d'un cycle et nous verrons comment le réaliser sur le plan pratique. La disponibilité à l'éveil (comme celle à l'endormissement) revient naturellement toutes les deux heures après un temps de sommeil paradoxal. Si le sommeil se prend comme un train, il se quitte aussi comme un train, c'est-à-dire lorsque celui-ci est arrivé en gare, donc à la fin d'un cycle, car si on saute en marche on se fait très mal !

C'est effectivement ce que l'on constate alors que l'on est éveillable sans problème, immédiatement toutes les deux heures.

Un cycle de sommeil, comme un repas, une fois entamé, ne doit pas être interrompu. C'est un parcours que l'on doit absolument terminer. Aucun animal au monde ne se réveille (ou ne réveille ses petits) avant la fin d'un cycle. On doit, le matin, s'éveiller et non pas se réveiller.

Comme l'indique Mme J. Bouton, le réveil est un phénomène accidentel provoqué par un événement intempestif : douleur physique ou morale, perturbation provoquée par exemple par votre voisin du dessus qui fait du bruit, ou par cet instrument de torture que l'on appelle justement un réveil. Tout cela casse en deux notre dernier cycle de sommeil. « *Or, interrompre ainsi son sommeil en plein remous des profondeurs peut arriver ainsi sans trop de dommage, une fois en passant* » (J. Bouton), mais pas tous les jours. C'est presque du suicide au ralenti, comme si on avalait tous les matins un peu de poison. « *Est-ce que l'on sort un homme de sa capsule spatiale, est-ce qu'on remonte un spéléologue ou un plongeur du fond sans précautions, sans paliers intermédiaires, sans période de transition, mais pourtant la quasi-totalité des humains sort chaque matin sans ménagement du plus profond de son sommeil !!* » (J. Bouton.)

Comment s'étonner alors de toutes les conséquences désastreuses qui en résultent ?

c) L'éveil naturel : un éveil triomphant

L'éveil naturel est bien autre chose. A la fin du cycle, c'est votre cerveau lui-même qui vous éveille (comme il vous a endormi la veille), votre cerveau en communication permanente jour et nuit avec le cosmos et avec vous-même sait constamment où il en est : il se guide sur le petit jour du matin, sur le soleil, sur la lune et sur vos besoins.

Quand vous avez eu votre content de sommeil et de rêves, il le sait.

Alors il rétablit lui-même la communication qu'il a préparée et amenée progressivement avec vous et l'extérieur. Les yeux, par exemple, sont bien revenus en face des trous, et les « *idées* » aussi. L'œil est « *frais* » comme tout le reste d'ailleurs.

Si votre réveil sonne, pas de traumatisme. Il faut d'ailleurs qu'il sonne environ 10 à 15 minutes après la fin de votre dernier cycle à titre de sécurité. Vous pouvez même l'arrêter avant qu'il ne sonne car vous êtes éveillé « *avant lui* ».

Si chaque soir la plongée dans le sommeil est, comme nous l'avons décrit, une naissance à l'envers (cf. début chap. II), l'éveil naturel du matin lui est une renaissance à la vie. « *Je suis né ce matin* », dit une chanson canadienne, et l'on se sent entièrement neuf sur tous les plans, en état de plénitude, en « *état de grâce* ».

Sur le plan physique, la forme et le tonus sont revenus presque instantanément, retrouvés entièrement. Sur le plan intellectuel, on est dans une grande clarté, lucidité, limpidité intérieure. Sur le plan affectif, on est de bonne humeur, optimiste. Sur le plan du moral, on est « *d'attaque* », prêt à « *faire face* », et tout cela pour toute la journée.

Voici donc tout ce que vous apporte ce simple respect, élémentaire, de votre dernier cycle de sommeil.

Pour tous les animaux, l'éveil de chaque matin est une fête, celle de la vie retrouvée, et ils célèbrent tous cet événement, cet avènement de leurs yeux et de leur cœur jamais blasés : le retour du soleil, l'astre de la vie, de l'énergie, de la chaleur et de la lumière.

— Le coq annonce cette bonne nouvelle aux autres par son cri ;

— les oiseaux chantent de joie ;

— le chat s'étire longuement et va se caresser voluptueusement partout et humer avec une ivresse évidente.

Mais pour l'humain, le réveil est ressenti comme un coup de bambou et le lever comme une corvée. Eh bien, il faut qu'il retrouve lui aussi cette joie de vivre, d'exister, dès le matin !

Pour cela, pourquoi essayer (souvent vainement) de s'endormir n'importe quand par un acte volontaire contre le gré de son cerveau alors que celui-ci vous endort lui-même périodiquement ? Pourquoi prendre trop souvent un soporifique chimique alors que l'on vous verse périodiquement et généreusement un soporifique naturel sans danger ?

Pourquoi attendre que votre cerveau vous ait réendormi pour vous réveiller d'un réveil artificiel, traumatisant et pesant, alors qu'il vous éveille naturellement et périodiquement d'un éveil très agréable ? Pourquoi avoir besoin que l'on vous sonne le réveil comme à la caserne et qu'en même temps l'on vous « *sonne* » dès l'éveil comme par un coup de massue ? C'est trop bête.

Alors, bien sûr, on peut se faire réveiller comme Montaigne par un coup sur la tête, encore que pour lui il s'agissait de se faire réveiller brusquement pour essayer de savoir ce qui se passait pendant son sommeil. Habituellement d'ailleurs, il se faisait réveiller en musique. On peut aussi se faire réveiller, comme Buffon, par un seau d'eau que lui balançait sa servante.

Eh bien, coup de marteau ou seau d'eau, cela n'est pas plus traumatisant que ce que la quasi-totalité d'entre nous subit chaque matin !

Alors que c'est si simple et que l'on peut, simplement en observant ses cycles naturels, obtenir quotidiennement un endormissement idéal et un éveil triomphant.

d) Sa réalisation pratique chaque matin

Vous devez partir, comme base, de l'heure à laquelle vous devez vous lever ; elle est en général fixée par vos obligations professionnelles ou familiales, ou par vos habitudes. Elle peut être aussi décidée par vous très librement.

De cette heure, vous déduisez 1/4 d'heure : c'est le délai que vous vous accordez pour rester au lit dans cet état de somnolence très agréable (état alpha improprement appelé état de demi-sommeil dans le langage commun, car on est dans le sommeil ou on n'y est pas : le sommeil ça ne se coupe pas en deux).

De la même manière que la veille au soir par exemple avant l'endormissement vous êtes resté environ 1/4 d'heure en état alpha. Cela vous donne une nuit équilibrée, intelligente.

C'est pendant ce quart d'heure du matin que vous pouvez cueillir tous les fruits de votre sommeil, et notamment ceux de vos rêves.

Après donc avoir déduit de l'heure de votre lever ce quart d'heure,vous remontez de cycle en cycle et vous en déduisez l'heure de votre coucher. Cela suppose bien sûr :

— que vous ayez déterminé déjà la durée de votre cycle de sommeil ;

— que vous ayez déterminé le nombre de cycles qui vous convient (voir § suivant).

Prenons un exemple concret : supposons que vous deviez vous lever à 7 h 15, déduisons 15 mn = 7 heures. Si la durée de votre cycle est par exemple de 2 heures et que vous avez besoin de 4 cycles de sommeil, vous devez avoir 8 heures de sommeil.

Si vous voulez que votre dernier cycle se termine à 7 heures du matin, vous devez vous coucher à (7 heures – 8 heures) = 23 heures.

Il faut donc maintenant que votre train sommeil passe le soir un peu avant 23 heures, par exemple à 22 h 45.

Alors, bien sûr, ce ne sera pas le cas les premiers soirs, car vous êtes « *calé* » sur un autre horaire. C'est un peu comme si vous viviez en un autre méridien ou un autre fuseau horaire. Vous êtes en décalage horaire.

Mais si vous persistez à vous éveiller à 7 heures (au début par votre réveille-matin) et, bien sûr, si la détermination de la durée de votre cycle et de votre sommeil est exacte, votre train sommeil passera très vite (au bout par exemple d'1 à 2 semaines) vers 22 h 45. C'est d'ailleurs ce qui se passe progressivement lors des changements des horaires d'été aux horaires d'hiver et inversement.

Mais voici le dernier conseil pour parfaire votre éveil. Il est extrait du livre *l'Eveil à la conscience cosmique* de Bhagwan Shree Rajneesh (Dangles) : « *Au réveil, n'ouvrez pas les yeux tout de suite. Quand vous avez l'impression d'avoir suffisamment dormi, prenez conscience de votre corps. Gardez les yeux fermés. Qu'est-ce qui se passe ? un important changement se passe, le sommeil s'éloigne et vous vous réveillez. Il vous est arrivé de voir le soleil se lever mais jamais votre corps. Le phénomène a une beauté qui lui est propre. Dans votre corps il y a un matin et un soir. Ces moments sont appelés Sandhya : le moment de la transformation, le moment du changement.* »

5. Combien de temps devez-vous dormir ?

a) La juste dose

Voilà une des grandes questions que chacun se pose ou doit se poser sur son sommeil : Quelle est la quantité de sommeil qui me convient ? Car chacun possède sa propre quantité optimum de sommeil qui est, rappelons-le, une moyenne et non une constante à respecter chaque nuit.

Il s'agit là d'une donnée essentielle qui est, avec la durée de son cycle biologique, l'un des quelques critères fondamentaux que l'humain doit connaître de lui-même.

Je le répète, ils sont bien plus importants à connaître que sa taille ou son poids. Déterminer ce critère sera notre troisième grande étape de la personnalisation de son sommeil, car il faut dormir juste. Le sommeil, pour chacun, doit être ajusté, à sa mesure, à sa pointure comme un costume ou des chaussures. Il y a, nous l'avons dit, la notion de juste dose pour votre sommeil qu'il faut, comme pour tout autre domaine, respecter. Tout, dans la vie, est une question de dose, de juste mesure.

L'exemple typique est le curare. Son nom vient du latin *Curare* qui veut dire soigner, guérir. Mais si vous en prenez quelques centièmes de milligrammes en trop, vous mourez instantanément avant même d'avoir senti la piqûre.

Trop dormir (hypersomnie) est presque aussi nocif que l'insomnie. On peut très bien avoir trop dormi une certaine nuit comme avoir trop mangé à un repas. « *On peut avoir une indigestion de sommeil comme on a une indigestion de gâteaux à la crème.* » (J. Bouton.)

D'une manière générale, nous Occidentaux, mangeons trop et ne dormons pas assez. Nous sommes presque tous en état de dette de sommeil.

Pourtant, certains dorment trop. Et il faut déjà détruire cette idée fausse et dangereuse ancrée dans l'esprit de certains « *que plus on dort, mieux ça vaut* ». C'est comme « *plus l'on mange, mieux ça vaut* », parce que l'on pense qu'ainsi on emmagasine plus de calories et on sera plus fort, on aura plus d'énergie, on sera moins fatigué. Or c'est le contraire (jusqu'à une certaine limite).

Par exemple, si on fait la grasse matinée sans certaines précautions cela peut être nuisible à la qualité de l'éveil et au tonus dans la journée : si l'on a commencé un cycle de sommeil sans le terminer, mieux vaut alors ne pas le commencer et dormir un peu moins.

b) La loi absurde des 8 heures de sommeil pour tous

Il est une autre idée, fausse également, à propos de la durée du sommeil, qui est universellement répandue et qu'il est temps de rectifier : c'est celle de la fameuse règle des 8 heures de sommeil. Elle vient d'ailleurs de très loin dans le temps, et le premier qui semble l'avoir mise par écrit est le philosophe hébreu Maïmonides.

Mais beaucoup d'autres, plus célèbres, ont énoncé cette même règle, sans se soucier de ce qui peut différencier les humains, par exemple : « *huit heures de travail, huit heures de loisirs, huit heures de sommeil* », décrétait Alfred le Grand d'Angleterre qui, en bon autocrate, se moquait bien de la personnalité de ses sujets.

Benjamin Franklin, lui, a dit : « *Il faut 6 heures de sommeil pour un homme, 7 heures pour une femme, 8 heures pour un fou.* »

Ce n'est plus les 8 heures classiques (pour les humains normaux) mais on retrouve cette idée fausse de la même durée de sommeil pour tout le monde, sans tenir compte de l'individualité. Il est seulement tenu compte d'un seul critère : le sexe.

Or, nous l'avons déjà écrit, le sommeil de chacun est comme lui-même : unique. Il n'y a pas deux sommeils identiques comme il n'y a pas deux humains identiques. C'est pourquoi chacun doit avoir son quota de sommeil qui n'est pas forcément de 8 heures.

Actuellement encore, on parle constamment des 8 heures de sommeil. Or, pour trouver ce chiffre, on a additionné la durée de sommeil d'un certain nombre de personnes dont certaines dormaient 10 ou 11 heures et d'autres 4 ou 5 heures, et on a divisé par le nombre de sujets interrogés. En réalité d'ailleurs, on n'a pas trouvé 8 heures mais un peu plus de 7 h 30.

Cela ne signifie absolument pas que tout le monde doit dormir 8 heures ou pendant un temps correspondant à cette moyenne ; pas plus que si vous avez en permanence 36°5 ou 37°5 de température, on peut dire que vous êtes malade, sous prétexte que la température moyenne des humains est par exemple de 37°.

Il n'y a qu'une certaine proportion d'humains qui ont 37°, ou qui dorment pendant un temps correspondant à cette moyenne. Et d'ailleurs, cela ne veut même pas dire pour autant que ceux-là dorment convenablement par rapport à leurs propres besoins.

Vouloir imposer 8 heures de sommeil à tout le monde serait aussi idiot que si l'on disait que tous les Français devraient chausser du 40 (même les enfants). Cette idée est à l'opposé de la personnalisation du sommeil qui est le sujet de cette 2e clef du bon sommeil, et elle est génératrice d'insomnie.

Huit heures ne sont généralement pas assez quand on est tout jeune, et beaucoup trop lorsque l'on est âgé. Par exemple à 60 ans, la norme moyenne (mais qui, répétons-le encore, n'est pas appliquable à tous) est de 6 heures de sommeil. Or, il y a des personnes qui se croient, très souvent à tort, insomniaques sous prétexte qu'à 60 ans elles n'ont pas leurs 8 heures de sommeil chaque nuit ou en moyenne.

Des études très sérieuses et poussées ont été réalisées par des spécialistes (Hartman en 1970, Wenn et Agnew en 1971) : elles ont révélé qu'environ 5 % des sujets dorment moins de 6 heures et entre 10 et 14 % dorment plus de 9 heures. Donc, 15 à 20 % de personnes, plus d'une personne sur six, sortent de cette fourchette pourtant assez large (la fourchette extrême semble aller, sauf cas très exceptionnels, de 4 à 12 heures).

Précisons que toutes ces données ne concernent que des personnes dormant le temps qui leur convient et non pas des insomniaques.

c) La durée de votre sommeil

Quelle doit être la durée de notre sommeil. Comment la déterminer ? Il ne s'agit, là encore, que de déterminer pour chacun une moyenne.

Il se peut, par exemple, que dans certaines circonstances (week-end, vacances ou autres), on ait besoin de faire un ou deux cycles de plus.

Nous devons rappeler aussi (cf. chapitre *La peur et le sommeil*) que la dose de sommeil peut varier d'une nuit à l'autre, et que certaines nuits votre cerveau peut vous faire sauter un cycle ou vous raccourcir d'un cycle votre sommeil.

Voici le principe de base qui régit la durée de votre sommeil.

Vous devez dormir autant de cycles que votre cerveau vous le demande car cela correspond à ce dont votre organisme a besoin. Cela veut dire :

— qu'il faut dormir en nombre entier de cycles. C'est en partie pour cette raison que l'on parle encore actuellement de 8 heures de sommeil : le cycle biologique humain fondamental étant d'environ deux heures (un peu moins en fait) et le besoin moyen étant d'environ 4 cycles par 24 heures ;

— que nous devons faire confiance à notre cerveau qui, s'il n'est pas détraqué (ce qui est quand même très rare) ou perturbé par des problèmes, vous endormira et vous réveillera quand il le faut.

Cela sous-entend bien sûr, comme nous l'avons exprimé dans les deux chapitres précédents, d'écouter, d'interpréter correctement et de suivre les messages qu'il nous adresse périodiquement.

Résumons par ce principe de base : le sommeil se prend par tranches de deux heures environ, à l'heure cérébrale, et l'on en sort aussi à l'heure cérébrale. Tous ceux qui dorment bien le savent intuitivement ou l'ont appris.

Mais il se peut que les habitudes, les idées fausses aient créé, comme dans beaucoup d'autres domaines, « *une seconde nature* » et il en est résulté des réflexes conditionnés qui sont en place quelquefois depuis des dizaines d'années. Alors, le principe de base qui vient d'être énoncé de faire confiance à son cerveau ne suffit pas, tout au moins au début. Pourtant ces messages existent toujours mais sont parfois atténués.

d) Déterminer la durée de votre sommeil

Pour déterminer sans erreur la durée de votre sommeil, nous devons, complémentairement, déterminer dans quelle catégorie nous nous plaçons vis-à-vis de notre sommeil.

Sommes-nous par exemple de gros dormeurs ou de petits dormeurs (on dit quelquefois des « *longs dormeurs* » ou des « *courts dormeurs* ») ? De par la définition habituellement reconnue :

— un gros dormeur est celui qui doit dormir plus de 9 heures ;

— un petit dormeur celui qui dort moins de 6 heures ;
— entre ces deux catégories, on est un dormeur moyen.

Pour le savoir (encore que beaucoup le sachent déjà), il faut une fois encore se servir de la même clef : s'observer, s'écouter. Et pour cela, il faut d'abord noter pendant un certain temps (15 jours par exemple ou mieux 1 mois complet) votre temps de sommeil réel. Car, aussi extraordinaire que cela paraisse, très peu de gens savent réellement combien de temps ils dorment, et presque tous, lorsqu'on les interroge, donnent des chiffres fantaisistes, quelquefois même assez loin de la réalité. Le fait de noter les oblige à y faire attention et, très souvent, le résultat les surprend.

Précisons que ce relevé doit être effectué dans des conditions habituelles et non, par exemple, en période de surmenage. Attention : lors du relevé de votre durée réelle de sommeil, en réalité vous dormez plus longtemps qu'il n'y paraît. En effet :

— l'endormissement est plus court qu'on ne le croit car, nous le répétons, le temps psychologique se ralentit pendant cette période et s'arrête au moment où on bascule dans le sommeil ;

— le temps de sommeil est plus long qu'on ne le croit car, comme nous l'avons déjà indiqué (cf. chap. II), le cerveau n'enregistre pas les stades 1 et 2 (sommeil léger) comme étant du vrai sommeil.

Mais le nombre d'heures de sommeil que vous donne en moyenne ce relevé, ne vous donne pas encore le temps pendant lequel vous devez dormir, mais seulement celui pendant lequel vous dormez réellement. Il s'agit maintenant de faire la comparaison entre les deux. Pour cela :

1er point : il faut d'abord appliquer la règle de la fin du chapitre précédent et dormir un nombre entier de cycles. Si ce n'était pas le cas précédemment, vous devez, en l'appliquant pendant un certain temps, dans la journée, vous sentir déjà beaucoup mieux sur tous les plans (et la nuit aussi naturellement). Si c'était déjà le cas (où lorsque vous aurez réalisé ce premier ajustement indispensable de votre durée de sommeil), et maintenant que vous connaissez la durée effective de votre sommeil qui est donc un nombre entier de cycles, vous devez évaluer le nombre de cycles dont vous avez besoin.

2e point : posez-vous la question : est-ce que ce nombre de cycles est trop important ou pas assez par rapport à mes besoins ?

Pour vous aider à y répondre, il y a un certain nombre de signes qui sont autant de repères. En voici les principaux :

Si vous avez une insuffisance de sommeil.

Il y a bien sûr la somnolence, très accusée après les repas. On a tendance à s'endormir partout et quelquefois de manière incoercible : au bureau, dans le métro, au cinéma, devant la télévision, etc., et un besoin de récupérer du sommeil en fin de semaine.

On est frileux : c'est la caractéristique la plus fréquente et qui apparaît la première.

On a une certaine paresse et on a moins envie de travailler. Les efforts nous coûtent plus ; on accuse surtout une plus grande fatigabilité : on met d'ailleurs cela sur le compte de l'âge, ou du surmenage, sans penser qu'il s'agit tout simplement d'une dette de sommeil.

Sur le plan des sens, on peut avoir des illusions, des hallucinations perceptives et des difficultés de perceptions fines. Par exemple la vue baisse.

L'enfant qui manque de sommeil pleure, est agité. On dit qu'il est insupportable car il est turbulent, instable, capricieux. Il est intenable, disent les parents : c'est le plus souvent un besoin de sommeil insatisfait qu'il manifeste ainsi.

Pour l'adulte, sur le plan de l'oralité ce même besoin se traduit, par compensation, par un besoin complémentaire de boissons chaudes et sucrées et en général il mange trop et grossit.

Sur le plan psychique (ce qui traduit surtout un manque de sommeil paradoxal, de rêves), on se sent mal dans sa peau.

Sur le plan intellectuel : trous de mémoire, difficultés de l'attention et de la concentration, on perd son rendement, son efficacité.

Sur le plan affectif, on a du mal à assumer ses émotions agréables ou désagréables : on a une instabilité émotionnelle, des sautes d'humeur.

Au bout d'un certain temps on devient craintif et on a peur de tout : de la solitude, du noir ou plus généralement de la vie.

On devient plus nerveux, puis inadapté ; irritable, on perd sa maîtrise de soi, certains arrivent même à avoir des phobies ou à devenir agressifs : rappelons qu'une grande partie de l'agressivité dans les villes (dans certaines banlieues où règne la violence) s'explique en partie par le fait qu'on y dort mal.

Les signes de l'hypersomnie sont les suivants :

Etat de malaise général, de fatigue. On manque de dynamisme. On est de mauvaise humeur ; souvent des céphalées. Perte de lucidité et de vivacité cérébrale, on est « *abruti* » car jamais bien réveillé. Vous le voyez, ces signes sont voisins de ceux de l'insomnie.

Ce cortège de signes de l'hypersomnie a été décrit sous le nom de *Over Sleep Syndrome* par Globus en 1970.

Naturellement, dans l'un ou l'autre cas, vous n'avez pas forcément tous ces symptômes et, à l'inverse, il faut que vous en ayez un certain nombre pour que cela trahisse un manque ou un abus de sommeil.

Certains signes sont communs aux deux (insomnie et hypersomnie), ce qui peut les faire confondre, mais :

— d'une part l'insomnie est quand même beaucoup plus fréquente que l'hypersomnie et certains critères décrits (frilosité, nervosité, etc.) sont spécifiques à l'insomnie ;

— d'autre part on ressent bien soi-même si on est ou non en dette de sommeil.

Pour en être certain, il n'y a pas d'autres moyens que de faire l'essai en augmentant ou en diminuant d'un cycle (ou de plusieurs dans certains cas) la durée de son sommeil, jusqu'à ce que l'on ait trouvé le meilleur équilibre vital.

Mais attention ! Tout changement, même s'il va dans le bon sens, provoque au début des perturbations qui peuvent faire croire qu'il n'y aura pas d'amélioration : il faut attendre un certain temps (environ 2 à 3 semaines) pour connaître le vrai résultat.

En fait, il y a d'autres recoupements dont aucun n'est absolu :

— Par exemple, les introvertis ont besoin de plus de sommeil que les extravertis.

— Pour savoir si l'on dort trop, ou trop peu, interrogez-vous sur les variations de la durée de votre sommeil avec le temps : s'il y a eu des variations importantes et brusques, dans un sens ou dans l'autre, qui en général ont été concomitantes avec un événement de votre vie (heureux ou non, tout changement quel qu'il soit peut provoquer des perturbations du sommeil, c'est anormal).

Sachez que la diminution du besoin de sommeil avec l'âge se fait progressivement (encore qu'elle s'effectue en réalité en marches d'escalier mais sans différence importante).

Bien sûr, la règle que nous venons d'énoncer n'est pas absolue (il n'y a jamais rien d'absolu dans le sommeil) et Dement raconte l'histoire suivante (que nous citons pour rassurer certains) : « *Le professeur Morgan nous déclare avoir toujours dormi de 6 à 8 heures par nuit jusqu'à l'âge de 23 ans. A cette époque grâce à une bourse universitaire, il partit séjourner en Allemagne. C'est alors qu'avec une inexplicable rapidité son rythme de sommeil changea. Une nuit, après s'être couché à 22 heures selon son habitude, il se réveilla à 2 heures du matin et ne put se rendormir. Il n'y pensa guère jusqu'à la nuit suivante, où après s'être également couché à 22 heures, il se réveilla de nouveau à 2 heures. Cette fois, s'ennuyant ferme, il alluma sa bougie et reprit les travaux qu'il avait interrompus en se couchant. Ce rythme de 4 heures de sommeil par nuit devait persister toute sa vie, à sa vive satisfaction. En effet, il ne somnolait pas pour autant durant la journée, il put ainsi assumer une intense activité universitaire.* »

— Observez votre sommeil de vacances en vous arrangeant pour être en « *libre cours* », c'est-à-dire ne pas être esclave d'horaires. Notez votre temps de sommeil. Il est probable que vos besoins de sommeil correspondent (peut-être pas dès les premiers jours) au temps de sommeil constaté.

6. A quelle heure se coucher ?

Vous voici en possession de la durée de votre cycle et du nombre de cycles que doit comporter votre sommeil. Mais vous avez encore le choix du train sommeil que vous devez prendre, puisqu'il passe un train toutes les deux heures environ.

La chouette est disponible le soir et l'alouette le matin. La chouette n'est pas insomniaque par rapport à l'alouette, elle est simplement décalée. Sa pendule biologique n'indique simplement pas la même heure par rapport à celle de l'alouette. Elle s'endort plus tard que l'alouette car elle sait qu'elle ne pourrait pas trouver le sommeil avant.

Il faut savoir si vous êtes une chouette ou une alouette ; en France on dit un coq ou un hibou, ou un couche-tôt ou un couche-tard, ou encore un lève-tôt, lève-tard. On dit aussi : se coucher comme les poules (avec le soleil et se lever avec lui).

C'est très important de le savoir, car beaucoup d'insomniaques ne sont en réalité que des personnes désynchronisées qui ne savent pas, le soir, monter dans le bon train. Ils ne manquent pas leur train, ils se trompent de train ! Ils se couchent par exemple sans avoir réellement sommeil et se lèvent en ayant encore sommeil.

C'est un continuel quiproquo entre leur horaire biologique interne et leur horaire effectif de sommeil, personnel ou social, et qui dure quelquefois toute leur vie, parce qu'ils ne le savent pas.

Certains ont des métiers de couche-tard (acteurs, journalistes, etc.) alors qu'ils sont des couche-tôt. Ils devraient se coucher « *comme les poules* » et se lever au chant du coq.

La plus grave erreur que l'on puisse faire dans une famille, et elle est pourtant assez courante, c'est : « *Allez, maintenant, tout le monde au lit.* » Et les uns, pour attendre cette heure-là, ont lutté péniblement contre leur somnolence et, à l'heure imposée, ne trouveront plus le sommeil. D'autres, couchés eux aussi à cette heure « *militaire* », lutteront vainement dans leur lit pour trouver le sommeil jusqu'à ce que leur heure arrive.

C'est une erreur à rendre toute une famille insomniaque. Et après on dit que l'insomnie est héréditaire ! En réalité, dans ce cas, ce n'est que l'ignorance qui est héréditaire.

Et cela est vrai aussi pour les couples. On devrait d'ailleurs, avant de se marier, se poser cette question : est-on tous les deux couche-tôt ou couche-tard ? Sinon c'est une question de chance et, si l'on n'a pas eu de chance, on a le choix entre deux solutions dont aucune n'est très bonne :

— respecter cette différence avec tous les inconvénients que cela comporte ;

— ne pas la respecter, et on rend au moins l'un des deux insomniaque, avec toutes les conséquences.

Nous avons déjà dit que plus de la moitié des scènes de ménage ont pour cause l'insomnie. Quelquefois cela aboutit au divorce. Une alouette devrait éviter d'épouser une chouette.

Une autre erreur analogue, dans les familles, le matin : « *Tout le monde debout* » (sauf bien sûr si l'on part en voyage).

Mme J. Bouton raconte cet exemple amusant : « *Toi, tu es grand, tu peux rester pour regarder la télé. Toi, tu es trop petit, tu vas au lit.* » Mais le grand s'endort devant la télé parce qu'il est couche-tôt et le petit, lui, ne peut pas dormir parce qu'il est couche-tard et fait la « *sarabande* ». Et la mère inquiète se dit :

— Pour le grand : il doit être fatigué, ou malade, ce n'est pas normal qu'il s'endorme ainsi devant la télé si tôt.

— Pour le petit : il est trop nerveux, agité, il doit être malade. Il faut pour les deux que j'aille consulter le médecin.

Ses enfants ne sont pas malades. En réalité, c'est elle qui a des troubles du comportement (fin de citation) !

Il est très facile, en s'observant un peu, de savoir si l'on est du soir ou du matin. Cette caractéristique ne varie d'ailleurs pratiquement pas toute sa vie durant.

— Il y a, dans beaucoup de cas, un lien entre cette caractéristique et son heure de naissance : si l'on est né tard le soir, ou dans les premières heures après minuit, on est généralement un couche-tard.

— On peut également le déterminer en effectuant pendant quelques jours (où l'on n'est pas malade) le relevé horaire de sa température. La température doit commencer à baisser un peu avant le coucher et remonter un peu avant l'éveil.

— En général les intellectuels sont plutôt du soir et les manuels plutôt du matin.

— Les hommes sont plutôt *alouettes,* et les femmes plutôt *chouettes.*

7. Conclusion

Il faut réhabiliter les temps forts et les temps faibles. Une horloge biologique ordonne à chacun le moment de se coucher et de se lever.

Ne pas en tenir compte, désobéir, c'est non seulement mal s'endormir, mal dormir, et être mal éveillé, mais c'est aussi détraquer ses rythmes de sommeil et de veille et nos autres rythmes aussi (car tous nos rythmes dépendent les uns des autres) ; tout cela aboutit à une santé détraquée.

Persuadez-vous bien que vous ne pouvez pas changer la longueur de vos cycles biologiques. Ils sont intangibles. C'est donc vous qui devez adapter vos horaires en fonction de ceux-ci.

Les insomniaques permanents ne sont souvent que des personnes qui, toute leur vie, s'acharnent à vivre, à marcher à côté de leurs... rythmes. Ce sont des éternels déphasés, désynchronisés.

Ne trichez jamais avec vos propres rythmes. Rappelez-vous cette expérience, déjà citée, du docteur Janet Marker (et d'autres aussi) sur des animaux : si on les oblige à vivre à des rythmes décalés par rapport aux leurs, autrement dit si on leur impose le rythme d'un autre, ils tombent très vite malades et meurent rapidement.

D'autre part, ne croyez pas que vous êtes forcément anormal ou insomniaque parce que vous dormez peu de temps. Ceux qui croient que dormir longtemps et beaucoup est essentiel se trompent, et cela on ne le sait que depuis assez peu de temps car les premiers travaux décisifs sur la durée du sommeil ne datent réellement que de 1960.

Des hommes très énergiques, super-actifs, très lucides (Napoléon, Edison) et des femmes très brillantes, infatigables (Mme Roosevelt) dormaient peu.

Mais à l'inverse, ne jouez pas avec votre sommeil, ne le « *rognez* » pas. Ce serait la plus grosse erreur que vous puissiez faire : le sommeil, si l'on dort juste, n'est pas du temps perdu. C'est même l'inverse, car votre joie de vivre, votre efficacité, votre santé seront optimales, maximales lorsque vous dormirez juste ce qu'il vous faut. Donc ni trop, ni trop peu. Ce temps vous sera rendu « *au centuple* ».

CHAPITRE VI

Préparer le sommeil

1. On descend dans le sommeil comme on descend un escalier

Cette **troisième clef** concerne encore notre endormissement, et elle sera consacrée à l'heure qui le précède : ce que nous devons faire ou éviter. Cela est très important et pourtant très oublié : notre sommeil sera ce qu'a été l'heure qui l'a précédé.

Si cette heure a été agitée physiquement, mentalement et affectivement, votre sommeil sera vraisemblablement agité, de mauvaise qualité, insuffisant en quantité et votre endormissement, aléatoire, et presque obligatoirement long. Par contre, si cette heure a été calme (mais pas forcément creuse, vide, ennuyeuse, car on s'est aperçu que l'ennui était plutôt un antisommeil), alors votre endormissement et votre sommeil auront de très fortes chances d'être bons. C'est une condition pas totalement suffisante à elle seule, il en faut d'autres (ce sont celles des autres clefs), mais c'est une condition nécessaire, indispensable, presque *sine qua non.*

Il est en effet totalement absurde de croire que le sommeil peut s'obtenir en quelques minutes, après avoir fait n'importe quoi sous prétexte que l'on a décidé de dormir, et que l'on s'est allongé sur un lit. Pour nous endormir, et pour dormir correctement, nous devons être dans un certain état intérieur convenable.

Or, nous nous présentons (et cela est malheureusement vrai pour la quasi-totalité d'entre nous) devant sa « *Majesté Sommeil* » dans un état physique et psychique contraire, opposé, je dirais même hostile au sommeil.

Il faut que vous sachiez que cet état correct ne peut survenir ou s'obtenir en quelques instants, mais progressivement. Il faut obligatoirement un certain nombre d'étapes intermédiaires successives.

La descente dans le sommeil, en effet, n'est pas une chute, mais une sorte de cheminement sur une pente plus ou moins douce ; on descend dans le sommeil exactement comme on descend un escalier, marche après marche, pas à pas, degré par degré. Et cet escalier, ce grand escalier qui va nous conduire irrésistiblement jusqu'au sommeil, c'est environ une heure avant l'endormissement que nous devons commencer à le descendre.

D'ailleurs, nous savons déjà (rappelez-vous l'hypnogramme) que même après nous être endormis, nous continuons à descendre cet escalier, avec les différentes étapes, les différentes phases du sommeil qui sont autant de marches nous acheminant, en passant par tous les étages intermédiaires, jusqu'au cinquième sous-sol du sommeil rapide (ou paradoxal) : ce sont successivement l'étage du sommeil léger (stade 2), celui du sommeil profond (stade 3), et enfin celui du sommeil très profond (stade 4).

Par contre, lorsque l'on s'éveille correctement (cf. chap. V), on remonte « *par l'ascenseur* ».

2. Un humain ne s'éteint pas comme une lampe

Dans notre première partie *(Découvrez votre sommeil)* au chapitre III, nous avons décrit le processus de l'endormissement. Nous allons le rappeler brièvement car il est essentiel de bien le comprendre et de l'avoir en mémoire pour cette troisième clef.

Nous sommes éveillés grâce à l'action du centre d'éveil qui émet deux substances de l'éveil : la noradrénaline et la dopamine. Nous sommes maintenus en état d'éveil parce que, dans cet état, par un effet de retour, notre cerveau reçoit des messages sensitifs (en provenance par exemple de nos sens) et envoie des messages moteurs. Comme le parcours de ces deux sortes de messages passe très près du centre d'éveil, ils excitent ce centre au passage. Il y a donc, de ce fait, un auto-entretien de l'éveil.

Il faut, pour que l'éveil soit actif, complet, que ces deux messages existent et soient nombreux et importants. Si ces messages diminuent (par exemple le soir), en diminuant l'excitation de nos sens (lumière, bruit, etc.) ou l'agitation physique, alors par un effet de retour (ou effet en boucle ou *feed-back),* le centre d'éveil va être moins excité, va émettre moins de noradrénaline et de dopamine. De ce fait, la sensibilité et la motricité générale vont diminuer, diminuant encore l'excitation du centre d'éveil, etc.

Donc, très progressivement, par un effet d'enchaînement, nous allons nous acheminer vers un état d'éveil de moins en moins prononcé.

Mais il y a encore une autre réaction en chaîne : nous avons vu que lorsque le centre d'éveil fonctionne et déverse sa noradrénaline et sa dopamine, celles-ci inhibent le centre du sommeil. Mais, au fur et à mesure que ce centre d'éveil se met en veilleuse (ou plutôt en sommeil), la barrière de l'inhibition du centre du sommeil va progressivement, elle aussi, se lever, et ce centre du sommeil, en sécrétant sa sérotonine (substance du sommeil), va pouvoir peu à peu commencer à nous endormir.

De même, par un effet de retour, cette sérotonine va inhiber de plus en plus le fonctionnement du centre de l'éveil, et cette inhibition va éteindre de plus en plus ce centre, ce qui (encore par un effet de retour) va permettre au centre du sommeil d'être de mieux en mieux réveillé et donc de nous endormir plus complètement, et ainsi de suite.

Vous comprenez donc pourquoi tout se déroule comme *« au ralenti »,* en douceur et non brutalement en quelques instants, et pourquoi l'on peut dire qu'un humain ne s'éteint pas comme une lampe, ou alors il s'agit d'une lampe dont on diminue progressivement la lumière, grâce à une sorte de rhéostat, ou encore comme une antique lampe à huile qui baisse tout doucement.

3. La préparation du voyage. La dernière heure

C'est **progressivement** (cet adjectif est vraiment le mot majeur de cette troisième clef) que nous devons endormir notre centre d'éveil et réveiller notre centre du sommeil.

Vous voyez alors l'énorme importance (et même la nécessité) de faire cesser cette excitation de vos sens, cette agitation physique et cérébrale pour faire basculer le processus d'éveil vers celui du sommeil.

Cette action du centre d'éveil est tellement dominante que, pendant longtemps, on est allé jusqu'à croire que l'état naturel de l'humain était l'état de sommeil. En effet, on n'avait pas encore découvert la présence et l'action du centre du sommeil dont l'effet positif endort.

On croyait que pour que l'humain ne sombre pas dans le sommeil, il suffisait que le centre de l'éveil soit excité (par exemple par un intérêt extérieur) et que si cette excitation cessait d'exister, l'homme retournait alors à son état naturel : l'état de sommeil.

Par exemple, un nouveau-né qui ne s'intéresse pas encore, ou un vieillard qui ne s'intéresse plus qu'à très peu de choses, dorment ou somnolent 16 à 18 heures sur 24, ne se réveillant presque que pour les repas, car la faim excite leur centre d'éveil. De même, lorsque vous assistez à un spectacle ou que vous écoutez une conférence qui n'a que peu d'intérêt, vous avez tendance à vous endormir (à moins que cela au contraire ne vous énerve et excite ainsi votre centre de l'éveil).

Vous comprenez maintenant pourquoi on ne peut pas s'endormir en étant excité sur le plan de nos sens, de nos muscles, de nos nerfs, de notre cerveau.

Il faut que vous sachiez que si l'on ne peut pas s'endormir ou même si l'on a un mauvais sommeil, ce n'est pas, comme on le croit (sauf dans des cas assez rares) notre centre du sommeil qui ne fonctionne pas bien, qui est détraqué, c'est notre centre d'éveil qui fonctionne trop bien, parce que l'on n'a pas su, pas voulu ou pas pu le contrôler, le maîtriser, encore que ces mots, nous le verrons ultérieurement, ne soient pas bien adaptés.

Il faut d'ailleurs que vous sachiez encore que dans les expériences de privation de sommeil, comme nous vous l'avons déjà indiqué, le seul moyen que l'on ait trouvé pour maintenir quelqu'un éveillé pendant plusieurs nuits, c'est de l'obliger à maintenir une activité physique, sensorielle ou mentale permanente. Il ne peut s'endormir car c'est un empêchement absolu du sommeil. Inversement, si l'on est dans des conditions qui font cesser, pendant un certain temps, l'excitation du centre de l'éveil, le sommeil vient alors à vous tout seul. Cela est très important à savoir, car c'est la base de cette troisième clef.

Voici une expérience réalisée sans le vouloir et qui est particulièrement instructive : le savant russe Pavlov étudiait les réflexes conditionnés sur les chiens, lorsque ses compatriotes se cotisèrent pour lui offrir un laboratoire modèle : murs neutres, éclairage uniforme, insonorisation absolue, etc. Mais voici que les chiens, installés sur la table d'opération, avant même que ne commencent les expériences, s'endormaient. Pourquoi ? parce qu'ils étaient plongés dans un milieu neutre où rien n'éveillait leur attention.

C'est ainsi que Pavlov découvrit la grande loi de l'assoupissement : « *Si rien ne vient exciter les circuits électriques de votre cerveau, celui-ci s'éteint : il entre dans un état d'inhibition. Le sommeil gagne l'écorce cérébrale comme une tache d'encre s'étend sur un buvard. Quand toute la surface est enrobée, le déclic se produit, nous dormons.* »

Ce texte de Pavlov est remarquable, car il a été écrit bien avant que l'on découvre les mécanismes du sommeil que nous vous avons décrits et dont la découverte est relativement récente, mais il concorde parfaitement bien, cependant, avec ces mécanismes.

Il faut donc savoir mettre progressivement notre centre d'éveil en « *veilleuse* », en sourdine. Voilà un secret important de l'endormissement ; sur le plan pratique, cela veut dire que nous devons préparer notre sommeil (autre mot clef).

C'est une heure avant environ que doit commencer cette préparation de votre voyage.

Comment obtenir ce ralentissement des ondes cérébrales (qui est extrêmement prononcé dans le sommeil très profond : ondes delta) et cet engourdissement physique (qui est quasi total dans le sommeil profond) et qui caractérisent le sommeil ? Comment les obtenir progressivement (c'est le principe de l'escalier, et nous insistons de nouveau sur ce mot clef).

A vouloir l'obtenir trop rapidement et trop près de l'endormissement, on aboutit presque inéluctablement à l'effet inverse et, c'est très bien connu, dans le noir le cerveau s'emballe, on s'agite physiquement, on se tourne, se retourne, s'énerve, etc.

Si vous voulez une image, on doit s'approcher tout doucement du sommeil pour ne pas lui faire peur, l'effaroucher ni le faire fuir. Ajoutons que cette image est loin d'être parfaite, parce que le sommeil ne s'enfuit jamais ; c'est nous qui, par ignorance ou parce que nous sommes des étourdis, nous éloignons de lui.

a) Sur le plan physique

Vous devez absolument diminuer, et ce environ une heure environ avant votre endormissement, votre activité physique. D'abord, bien sûr, ne faire aucun effort violent (par exemple courir, porter des charges lourdes, etc.). Même des activités plus douces sont à éviter telles que la marche à pied qui est pourtant très recommandée le soir, pour le sommeil, mais pas dans l'heure qui le précède. Tout exercice, même type culture physique, est à proscrire : seuls des mouvements décontractants, type ceux du yoga, sont permis et même recommandés.

Vous allez voir d'ailleurs qu'au fur et à mesure où nous avançons chronologiquement parlant vers le sommeil, de plus en plus de choses vont devenir déconseillées et même interdites car, répétons-le, elles sont incompatibles avec la venue du sommeil et même d'un sommeil réparateur.

Comprenez bien cela (j'insiste car c'est cela la clef) : en même temps que s'approche l'heure de plonger dans le sommeil, vous devez vous-même vous approcher peu à peu à l'intérieur de vous-même de cet état de sommeil ; c'est lorsqu'il n'y a pas de discontinuité, de « *solution de continuité* » pour employer le terme consacré, qu'il ne peut pas y avoir non plus de problème d'endormissement : c'est quasi impossible.

Alors quel est cet état sur le plan physique ?

Nous l'avons décrit dans notre première partie : l'état de sommeil est un état de relâchement musculaire de plus en plus total, jusqu'au tonus zéro de l'état de rêve.

Nous avons, dans notre corps, 639 muscles qui représentent presque la moitié du poids de notre corps. Or, une très grande partie de ces muscles sont, dans la journée, en état de contraction, et la quasi-totalité, dans le sommeil, sont en état de relaxation, sauf quelques-uns, par exemple ceux qui ferment nos yeux, encore qu'il y ait une certaine proportion d'humains qui, comme les serpents, dorment les yeux grands ouverts (mais les serpents, eux, c'est parce qu'ils n'ont pas de paupières). De même les muscles qui ferment nos mains sont contractés, d'où l'expression : « *dormir à poings fermés* ». Presque tous les autres doivent être relâchés.

Or, sur nos 639 muscles, il y en a environ 500 (les muscles dits striés) qui sont sous la dépendance de la volonté, on les appelle aussi pour cette raison les muscles « *volontaires* ». Mais les autres aussi, les muscles dits lisses, le sont indirectement, car leur état dépend de notre état psychique, nerveux.

Se préparer au sommeil, c'est donc relâcher ses muscles en commençant par les plus grands : ceux des jambes, des bras, du dos, etc., et jusqu'aux plus petits que l'on a tendance à oublier : ceux du visage, des orteils, etc.

Pour aborder correctement l'endormissement, il faut être détendu physiquement, de l'extrémité des orteils à la pointe des cheveux, si je puis dire. Sinon, comme vos muscles doivent être détendus dans le sommeil, vous devrez obligatoirement accomplir cette détente pendant votre endormissement ; cela vous prendra du temps et le retardera d'autant.

Autrement dit, se relaxer avant, c'est gagner du temps sur votre temps d'endormissement et de sommeil.

Cette décontraction du soir n'est pas compatible avec un effort physique, avec le mouvement, l'agitation et même avec la station debout : on doit passer pendant un certain temps par la station intermédiaire avant la station couchée qui est la station assise ; le simple fait de rester debout est un antisommeil.

Et le lendemain on dit, ou on se dit : « *Hier soir, je ne sais pas pourquoi, j'ai eu du mal à m'endormir* », sans en soupçonner la vraie raison, en attribuant ce retard d'endormissement à mille autres raisons, fausses naturellement.

Donc, évitez cette erreur de rester debout, ce que vous pensez peut-être être un détail (il y a énormément de « *détails* » de ce genre que l'on oublie et dont le cumul finit par démolir notre sommeil).

Il y a des méthodes de relaxation que l'on peut apprendre dont les plus connues sont celles de Schultz, Jacobson, Scandel, Marcel Rouet (1). Mais il y en a bien d'autres. Ces méthodes ont surtout l'avantage d'apprendre la relaxation plus vite, d'aboutir à une relaxation plus profonde, plus totale, plus complète sans oublier trop de muscles, car on en oublie toujours.

Vous pouvez aussi, avec un peu d'attention au début, l'apprendre tout seul ; au bout d'un certain temps vous obtiendrez cette relaxation,

---

1. Voir, de Marcel Rouet : *Relaxation psychosomatique* (Editions Dangles)

soit très rapidement s'il le faut, soit au contraire tout doucement, tranquillement, et cela sans faire d'exercice, sans y prêter attention, presque sans y penser, en regardant la télévision, en parlant ou en lisant. Il faut que cela devienne un réflexe conditionné automatique.

Certains pratiquent le yoga qui, avec les postures, la respiration et la relaxation profonde qui l'accompagnent, est un excellent prélude au sommeil, encore que le yoga ne doive pas être considéré comme un somnifère ou un tranquillisant (2).

On a constaté, après de nombreuses expériences dont les résultats se recoupent, que le fait, pour les insomniaques, de pratiquer la relaxation le soir, améliorait, et la plupart du temps très nettement, leur sommeil dans plus de 70 % des cas.

Toujours sur le plan physique, pour diminuer progressivement l'excitation de nos sens, pour les mettre en veilleuse, nous devrions le soir à la maison, baisser progressivement la lumière en diminuant le nombre d'ampoules allumées, avec donc un éclairage de plus en plus faible et de plus en plus indirect, ou mieux avec un rhéostat. Cela se pratique dans certaines familles. La lumière du jour baisse bien, elle, progressivement.

De même, il faut diminuer le bruit : plus de discussions bruyantes ou de musique trop forte et bannir les musiques qui « *offensent* » l'oreille.

Il faut que dans la maison règne de plus en plus, au fur et à mesure que l'on s'approche du sommeil, une atmosphère « *crépusculaire, tout doit se mettre en sourdine* » devenir « *ouaté* », feutré.

Vous savez, lorsque l'on dit : « *Je suis sous pression* (pression sanguine), *je suis sous tension, je suis survolté* (tension électrique de l'influx nerveux), *je suis tendu, crispé, contracté, j'ai l'estomac noué, j'ai les nerfs en pelote, etc.* », cela correspond à des réalités physiques concrètes de l'état de nos nerfs, de nos muscles, etc. Comment voulez-vous avoir un bon endormissement et un bon sommeil avec un organisme ainsi perturbé ?

---

2. Voir, de Thierry Loussouarn : *Initiation au yoga* (même collection, Editions Dangles).

b) Sur le plan affectif

Là encore, au moins une heure avant de s'endormir, écarter délibérément toute émotion violente, désagréable ou agréable.

« Dormir s'est se désintéresser », plusieurs fois déjà, nous avons cité cette phrase clef de Bergson. Or on ne peut pas devenir indifférent en quelques minutes, indifférent à tout : il y faut bien au moins une heure.

Vous devez donc, au moins une heure avant, commencer à entrer dans un état de transparence, de neutralité affective, le point mort de l'émotion : ni sympathie, ni antipathie, mais un état intermédiaire d'apathie, d'isolement affectif : on appelle cela l'état de désaffectation, de désinsertion de son milieu, on pourrait même dire de désertion : tout doit prendre de la distance, s'éloigner, s'estomper, ne plus avoir aucune importance.

Le sommeil est un état d'oubli de tout, de tout le monde y compris de soi-même.

Malheureusement, à l'école on nous a seulement appris à retenir en nous faisant apprendre beaucoup de choses *« par cœur »,* mais pas à oublier, et cela est pourtant (dans certains cas au moins) aussi utile, et notamment pour oublier le soir, les coups durs de la vie, les échecs, la rancune, les rancœurs, les contrariétés, etc.

Vous devez donc fuir systématiquement tous les sujets qui risquent de vous passionner et les sujets dramatiques : par exemple les problèmes d'argent, les impôts, les sujets professionnels, les élections, la crise économique, la guerre, le pétrole, la faim dans le monde, etc.

C'est aussi pour cette raison que certains films à la télévision (les films catastrophe, de guerre, d'horreur, etc.) devraient être absolument interdits après une certaine heure (or, c'est justement tard le soir qu'ils sont programmés), un peu comme le bruit après 10 heures du soir. Car, comme lui, ils démolissent l'endormissement et le sommeil de millions de personnes.

On devrait les passer non pas avec le carré blanc, mais avec un carré rouge : à destination seulement des masochistes, ou plutôt ne pas les passer du tout, ou loin du sommeil en tout cas. Certaines personnes disent : *« Pour faciliter mon sommeil et oublier mes problèmes, mes soucis, je m'efforce le soir de ne penser qu'à des choses agréables. »*

C'est vrai qu'il est mieux le soir de ne s'intéresser qu'aux aspects bénéfiques, positifs de sa journée, du lendemain ou de sa vie : et il y en a beaucoup plus qu'on ne le croit (je dis cela surtout pour ceux, et ils sont très nombreux, qui finissent par ne plus voir que les aspects négatifs de leur existence).

Alors, bien sûr, n'avoir le soir en tête que des choses agréables, c'est mieux que de se laisser envahir par les sentiments dits négatifs : la haine, la jalousie, la peur, les regrets, etc., il y en a une quarantaine, et cela permet sans doute de les chasser, mais je le répète : attention ! pour vous prédisposer au sommeil, vous devez même vous éloigner de ce qui est trop agréable et qui peut être un antisommeil, même si c'est un antisommeil agréable. On doit se détacher absolument de tout, et même se détacher de son détachement.

c) Sur le plan de l'intellect

Voici maintenant le troisième volet de votre préparation au sommeil (c'est le plus difficile à réaliser) : la mise en sommeil de votre intellect.

Avant de l'aborder, il nous paraît nécessaire de nous demander quelle est la raison principale pour laquelle l'humain est devenu un insomniaque, le seul insomniaque de la création.

Et ce que nous allons vous montrer est vrai sur le plan de la philogenèse comme sur le plan de l'ontogenèse : c'est-à-dire qu'elle s'est produite lors de l'évolution de l'espèce humaine mais qu'elle se produit également lors du développement de chaque humain, de chaque individu en particulier, lorsqu'il grandit.

On le sait : l'ontogenèse reproduit la philogenèse.

Si nous examinons une vue en coupe de notre cerveau, très grossièrement, notre cerveau se compose de trois parties principales :

— Une première partie que Mac Lean appelle le cerveau reptilien qui a évolué pendant des centaines de millions d'années et qui est le siège, entre autres, de toute la mécanique neuronale fondamentale de la reproduction et de l'instinct de conservation (par exemple du sommeil).

— Puis, une deuxième partie : le système limbique ainsi appelé parce qu'il se situe autour de la première partie centrale de la même

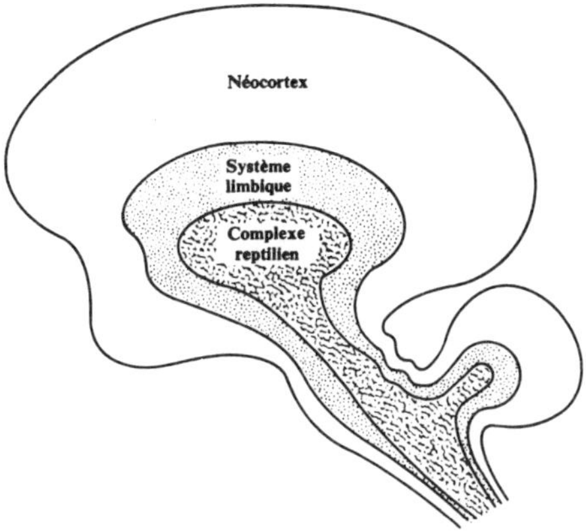

Représentation très schématique du complexe reptilien, du système limbique et du néocortex dans le cerveau humain, d'après Mac Lean.
Extrait des *Dragons de l'Eden* de Carl Sagan (Seuil)

manière que nos membres (limbs en anglais) sont situés autour de la partie centrale du corps.

Nous partageons ce système limbique avec les autres mammifères mais pas avec les reptiles. Il a évolué pendant plus de 150 millions d'années.

— Enfin, autour des deux parties précédentes, une troisième partie qui est l'acquisition la plus récente, le néocortex : qui existe en partie chez les mammifères supérieurs, et notamment les autres primates que les humains.

Mais chez l'humain, le néocortex s'est développé considérablement en volume (puisque l'ensemble du volume du cerveau a triplé) et en complexité (circonvolution), et cela de manière extrêmement rapide : en quelques centaines de milliers d'années, ce qui est très très court à l'échelon de l'évolution.

Ce fut, disent les biologistes, comme une véritable explosion cérébrale, donnant naissance à une sorte d'excroissance, comme une véritable tumeur cérébrale.

On ne sait d'ailleurs pas pourquoi la nature a été aussi pressée de nous doter d'un tel cerveau car, en fait, nous n'en utilisons qu'une faible partie. Cela est un grand mystère car tout dans l'évolution biologique correspond à une nécessité.

Et ce nouveau cerveau, on le voit sur les deux figures des pages 123 et 125, est venu envelopper, coiffer, et même étouffer les cerveaux plus anciens.

Alors quelles furent les conséquences ?

Tout se passe comme si, dit Mac Lean, en chaque humain cohabitaient en même temps un homme, un cheval (mammifère inférieur) et un crocodile (reptile), et l'on conçoit que cette cohabitation soit parfois difficile.

Certes, du développement de ce nouveau cerveau, l'homme a tiré beaucoup d'avantages dont voici les principaux.

D'abord par rapport à l'animal : une grande liberté d'action, de pensée. L'homme peut exercer sa volonté.

Et puis, du développement du savoir (emmagasiné dans ce nouveau cerveau), de la capacité de raisonner, de la capacité de communiquer par le langage et par l'écriture (ce qui a permis un cumul de savoir) est né le développement des sciences et, avec elles, celui du confort matériel par exemple.

Et cet humain, qui n'est pourtant sur le plan physique qu'un animal très moyen, a réussi grâce à son cerveau à devenir le plus puissant de tous les autres animaux.

Notre conscience aussi s'est développée par rapport à l'animal, mais pas autant que l'on pourrait le croire ou le souhaiter.

Mais à toutes ces conquêtes, il y a eu des contreparties et notamment celle qui est peut-être la plus terrible : certes l'humain est devenu le maître de sa planète et de tous les autres vivants mais, dans le même temps, par suite de l'hyperdéveloppement trop rapide de son cerveau, il a perdu la maîtrise de lui-même, le contrôle. De là est venue la plus grande partie de ses « *malheurs* ». Certains disent et prouvent que c'est cela le fameux « *péché originel* » qui conduira l'humain à son autodestruction (Jean Choisel : *les Racines du mal,* édité par l'auteur).

En tout cas, c'est de là que viennent la plus grande partie de nos insomnies. Nous le savons bien lorsque, le soir venu (ou la nuit), nous ne pouvons plus arrêter le bouillonnement de nos pensées.

Et ce péché originel, tous nous le renouvelons, sans en être d'ailleurs coupables car nous le commettons à notre insu.

Voici une figure qui montre le développement du cerveau du fœtus.

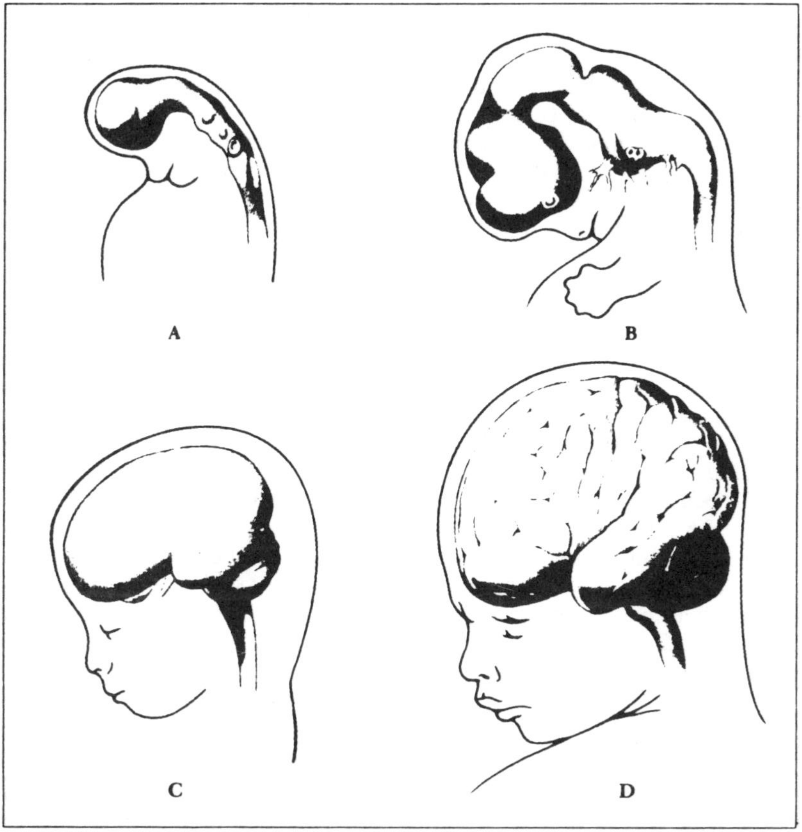

Développement embryonnaire du cerveau humain. Figuré : a, après trois semaines de gestation ; b, après sept semaines ; c, après quatre mois ; d, chez un nouveau-né. Les cerveaux en a et b ressemblent fortement à celui des poissons et des amphibies.

Extrait du livre *les Dragons de l'Eden*

Que faire lors de votre préparation au sommeil de chaque soir pour éviter que, échappant à notre contrôle, notre cerveau ne gêne notre endormissement, car s'il est en état de « *surchauffe* », bien loin d'être l'organe qui vous endort comme nous l'avons précédemment montré, il devient un obstacle, faute d'avoir correctement préparé votre sommeil.

Nous devons, bien avant d'essayer de nous endormir, commencer à ralentir notre activité cérébrale.

Chacun de nous a, dans sa tête, un petit ordinateur portatif, merveilleux, prodigieux. Il est de très loin le plus sophistiqué, le plus perfectionné, le plus puissant de tous les ordinateurs, mais il y a un petit défaut de fabrication, un petit oubli : il n'y a pas de clef de contact ou, tout au moins, nous l'avons perdue.

Alors il faut s'en tirer par une astuce qui est le seul moyen : c'est progressivement qu'il nous faut le ralentir pour arriver à un certain silence de la pensée indispensable pour nous endormir.

Retenez cette autre phrase clef, c'est presque une maxime : « **Avant de s'endormir, il faut endormir ses pensées.** »

Cela veut dire d'éviter, au moins dans l'heure qui précède, tout travail ardu, compliqué, réclamant beaucoup d'attention et de concentration de pensée, par exemple le travail professionnel.

Il faut renoncer, comme pour notre activité physique, à tout effort intellectuel, sinon, non seulement vous aurez un endormissement difficile, mais en plus le sommeil qui finira par arriver sera mauvais, superficiel, troublé, encombré de ruminations mentales, où se poursuivent les cogitations de l'état de veille.

Si dans l'heure qui précède votre endormissement vous jouez aux échecs, vous risquez d'y jouer toute la nuit.

Voici d'ailleurs, en passant, un conseil très utile : le soir, il ne faut pas forcément rester à ne rien faire, mais il faut changer d'occupation : celui qui a été soumis dans la journée à un travail cérébral doit se livrer le soir à un travail plutôt physique : par exemple manuel, tel le bricolage, mais sans effort physique important.

De son côté, le travailleur manuel pratiquera le soir, par exemple, lecture, musique, etc.

Mais ces activités, pour l'un comme pour l'autre, ne doivent plus avoir lieu dans l'heure qui précède le sommeil.

4. Les conditions PSI

Essayons maintenant de résumer les conditions indispensables pour se présenter correctement devant sa Majesté le Sommeil : il faut être en état PSI convenable. Nous employons ce terme seulement comme moyen mnémotechnique (et non pas dans son sens habituel) représentant les trois initiales :

P comme Physique
S comme Sentimental
I comme Intellectuel.

Sur chacun de ces plans vous devez, une heure avant si vous le pouvez, ou plus rapidement si vous êtes plus pressé (mais c'est moins bien), entrer dans un état de plus en plus ralenti et ce ralentissement doit aller en s'accentuant.

Chez les Romains qui, sous certains aspects, savaient mieux vivre que nous, il y avait une pièce spéciale, avant la chambre à coucher où l'on se préparait au sommeil : une sorte d'antichambre à coucher.

5. Le Temple d'Hypnos - La dernière demi-heure

Une demi-heure environ avant de vous coucher, il y a un autre seuil symbolique que l'on franchit, matérialisé par la porte de votre chambre à coucher.

A ce moment vous devez avoir la conviction, la sensation presque physique que vous venez de pénétrer en un lieu sacré, le temple d'Hypnos, qui n'appartient qu'à vous. Certes, beaucoup partagent cette chambre avec leur conjoint mais cela ne devrait être accepté, car cela ne favorise le sommeil que s'il y a une harmonie parfaite : alors ce sont les deux moitiés d'un seul être qui se réunissent, ont besoin d'être ensemble pour retrouver leur plénitude. Mais est-ce souvent le cas ? Combien d'insomnies sont dues à des couples qui s'obstinent à partager la même chambre, aggravant ainsi leur mésentente.

Une chambre à soi favorise un sentiment de sécurité. Les animaux ont leur tanière, leur antre, leur nid, quelquefois un simple trou, leur « *chez soi* ». C'est la notion de territoire, qui est encore plus importante juste avant et pendant le sommeil que pendant l'éveil, et il faut laisser à la porte de votre chambre à coucher tous vos soucis. Ce caractère intime, très personnel de votre chambre à coucher est très important : il faut que vous ressentiez qu'il s'agit pour vous d'un lieu inaccessible à quiconque, une sorte de forteresse inexpugnable, mais bien sûr de forteresse agréable et en laquelle rien ne peut vous arriver.

Il faut que vous vous y sentiez tranquille ; personne ne doit pouvoir vous y déranger (ne mettez jamais votre téléphone par exemple dans votre chambre à coucher, ou même trop à proximité). Il faut aussi que vous vous y sentiez en sécurité absolue et cela est essentiel (cf. chap. IV) pour un endormissement rapide et aussi pour la profondeur de votre sommeil. Il faut donc laisser symboliquement à la porte de votre chambre, tout le fardeau de vos problèmes.

D'autre part, à partir du moment où vous êtes dans votre chambre, certaines choses vont vous être interdites ou imposées. Jusqu'à présent nous n'avons parlé que de recommandations, mais maintenant ce sont des obligations.

Par exemple, le silence doit être de rigueur pour aboutir au silence intérieur qui commence par le silence verbal extérieur.

« *De plus, nous possédons tous un rituel de préparation de l'endormissement, c'est-à-dire que nous accomplissons plus ou moins consciemment, tous les soirs, à peu près les mêmes gestes, dans le même ordre.*

Ces rituels d'endormissement sont, bien sûr, différents pour chacun de nous, mais ils sont quasiment immuables, et il est souhaitable qu'ils le soient. Ils ont été fixés souvent très tôt dans notre enfance, et leur simple perturbation nous empêcherait de nous endormir. Leur simple monotonie, leur automaticité suffit elle-même à être en quelque sorte inductrice de sommeil.

Nous les accomplissons machinalement sans avoir besoin d'y prêter attention, c'est-à-dire que notre cerveau n'a pas besoin d'être en rythme bêta (celui de l'attention), et déjà il se met en alpha, rythme précurseur, annonciateur du sommeil. » Cette citation est de Guy Werlings (conférencier).

De plus, en même temps que vous allez commencer cette sorte de « *compte à rebours* » du déshabillage physique, celui-ci doit s'accompagner d'un déshabillage psychique. La plongée dans le sommeil, nous l'avons dit, correspond à une régression, sur tous les plans, pour aboutir, au moment du basculement dans le sommeil, à une « *naissance à l'envers* ».

En quittant nos vêtements, nous nous dépouillons de tous les ornements et artifices avec lesquels nous paradons pendant le jour. Il doit en être de même de toutes nos constructions, nos échafaudages, nos fioritures mentales.

Et ce strip-tease psychique, c'est environ 1/2 heure avant de vous coucher que vous devez le commencer, en entrant dans votre chambre.

6. Le dernier quart d'heure

a) Le silence des sens

Vous voici maintenant parvenu au début du dernier quart d'heure (environ) avant d'éteindre la lumière.

Vous pénétrez alors dans une zone très décisive ; c'est un des quarts d'heure le plus important de votre nycthémère (cycle jour/nuit de 24 heures). C'est lui qui va conditionner le plus votre sommeil, de même que le quart d'heure qui le matin suit votre éveil conditionne votre journée.

Tout ce que dorénavant vous allez penser, ressentir, faire, va avoir une énorme influence sur votre endormissement, sur votre sommeil et sur vos rêves.

Les dernières pensées par exemple ont tendance à être présentes dans le sommeil, car ce sommeil tout entier devient de plus en plus vulnérable à vos idées, à vos sentiments, à vos actions.

Il faut donc absolument que vous entriez dans une zone de silence, de calme intérieur et extérieur.

Déjà, dans l'heure qui a précédé, vous avez peu à peu étouffé ce bouillonnement interne et cette agitation physique caractéristique de la vie de l'éveil. Il vous faut maintenant presque complètement vous éteindre.

Non seulement vous ne devez plus parler dans le dernier quart d'heure mais vous devez interdire que l'on vous adresse la parole.

Tout ce qui vous relie encore à l'extérieur, tous vos sens (vue, ouïe, odorat, goût, le toucher même) ne doivent plus fonctionner que très en sourdine ; il faut, avant d'éteindre la lumière, que vos sens aient quasi décroché pour que s'atténue plus encore l'excitation qu'ils exercent sur votre centre d'éveil.

Or, il est certains de ces sens que l'on oublie de couper, par exemple celui de l'odorat. Certaines femmes (et même des hommes) pensant passer ainsi une nuit plus agréable s'aspergent de parfum ou mettent dans leur chambre des plantes très odorantes. Ils risquent ainsi une « *belle* » insomnie parce que leur odorat sera resté « *en éveil* ».

A ce propos, citons encore ce texte du célèbre Pavlov qui complétera celui précédemment cité et qui vous confirmera cette neutralité que vous devez installer dans votre chambre et en vous dans le dernier quart d'heure si décisif : « *On s'assoupit lorsqu'on se trouve dans une ambiance neutre où nul stimulus ne sollicite l'attention. Quand rien n'excite les circuits électriques qui parcourent le cerveau, celui-ci s'éteint, entre dans un état d'inhibition progressive comme une lampe qui baisse. Dès que cette inhibition atteint un certain seuil, un déclic se produit qui déconnecte les circuits, on dort.* »

Voici donc dans quel état vous devez vous allonger dans votre lit pour y trouver rapidement le sommeil.

b) Le bâillement

Quand vous avez sommeil, lorsque passe votre train du sommeil, votre heure cérébrale d'endormissement, vous bâillez. Mais on a remarqué que l'inverse était vrai : le fait de bâiller facilite l'arrivée du sommeil.

Il faut donc « *aider* » ce bâillement qui doit d'ailleurs être spontané, puisque l'heure de votre coucher doit coïncider avec l'horaire de votre train-sommeil.

Sachez d'abord que lorsque vous bâillez, votre regard « *plafonne* ». Il faut donc éviter de le couper intempestivement en évitant de regarder vers le bas, ou même devant soi.

Nous savons tous que le bâillement est très communicatif et les Américains (qui sont des gens pratiques) ont même des gravures représentant un personnage en train de bâiller à s'en décrocher la mâchoire, et qu'ils regardent pour s'endormir.

Cela va peut-être vous faire sourire, et même peut-être ne le prendrez-vous pas très au sérieux : on devrait apprendre à bâiller à l'école (il y a tellement de choses soi-disant plus importantes à apprendre à l'école) !

Eh bien, justement Mme J. Bouton réapprend aux enfants à bâiller, car c'est devenu presque honteux de bâiller : on leur a tellement dit qu'il était impoli de bâiller devant quelqu'un et qu'il fallait se cacher derrière sa main.

Savoir bâiller doit faire partie de la panoplie du bon dormeur et d'ailleurs cela sert aussi dans la journée puisque, dit-on, « *10 bâillements valent une sieste* ».

c) La lecture au lit

Elle est plutôt bonne à deux conditions :

— D'abord que l'éclairage soit bien étudié : ni trop violent, ni trop faible ; beaucoup d'endormissements difficiles sont dus à ce petit détail négligé (cf. chap. VIII : *L'écologie du sommeil :* la chambre à coucher).

Ne pas lire quelque chose de trop passionnant (nous savons pourquoi) ; éviter les sujets dramatiques et effrayants.

Les sujets passionnants, en plus de l'excitation du centre d'éveil qu'ils provoquent, risquent de vous faire rater votre train sommeil car ils détournent votre attention et, de plus, il faut avoir le courage d'interrompre sa lecture.

On dit que l'idéal est de lire trois pages du *Code civil.* Je ne sais pas. Mais lire la Bible au lit est bon : c'est le meilleur livre de chevet, et c'est peut-être en partie pour cette raison qu'en Amérique par exemple, on la trouve toujours, dans les hôtels, sur sa table de nuit. Même pour les non-croyants, cela nous sort de notre petit univers, des problèmes familiaux, professionnels ou personnels.

Dans le même domaine, faire sa prière (pour tout le monde) est sécurisant et désencombre le mental. Des expériences ont montré que la prière conduit au silence intérieur : quand on prie on est en rythme alpha.

*
* *

Tout ce que nous vous avons exposé dans cette troisième clef vous a paru sans doute évident et même peut-être assez banal.

Rappelons cette phrase d'Aristote : « *Les hommes sont devant les idées simples comme les chauves-souris devant la lumière, ils sont aveugles.* » Comment expliquer que dans la réalité, et des enquêtes l'ont montré, il n'y ait pas une personne sur vingt (5 %) qui réalise régulièrement les trois conditions PSI énoncées ; beaucoup d'insomnies, répétons-le, ont pour cause cette mauvaise préparation du sommeil car, si vous en oubliez une, les autres sont presque inutiles.

Ne croyez pas être différent des autres et vous dire : 1/4 d'heure pour moi est suffisant pour les obtenir. L'humain est ainsi fait qu'il ne peut pas passer brusquement, ni même rapidement, d'un état physique, sentimental, intellectuel à un autre. Il y a une énorme inertie.

Si vous ne descendez pas correctement cet escalier qui vous conduit vers le sommeil, c'est-à-dire incomplètement, ou si vous ratez une marche, ce sera la chute mais pas dans le sommeil, dans l'insomnie.

CHAPITRE VII

Ne tournez pas le dos au sommeil

« L'insomniaque, comme Gribouille, précipite ce qu'il craint en voulant activement ce qui ne peut pas être voulu, a sa source dans son refus profond de la passivité, du subi. »

1. On nous a tout appris sauf l'essentiel

A partir du moment où nous sommes plongés dans l'obscurité et dans la solitude, commence une période de durée variable et qui ne devrait pas excéder, au grand maximum, 15 minutes. C'est le quart d'heure le plus important de notre nycthémère, et pourtant c'est celui dont la plupart ignore tout, car on ne leur en a jamais rien dit. Depuis notre enfance, l'on nous a appris beaucoup de choses et tous les jours nous continuons à en apprendre.

Mais personne ne nous a jamais appris, ce qui est pourtant essentiel, extrêmement utile, et qui devrait aussi être très agréable : nous endormir.

Il est vrai que lorsque nous étions plus jeunes, cela aurait paru bien inutile car nous le savions tous, tout naturellement et quoi qu'il arrive.

Hélas, les autres, nous-même et la vie se sont chargés de nous le désapprendre, et, au fur et à mesure que nous avons grandi, notre endormissement s'est détérioré ! Nous comprenons bien maintenant pourquoi : s'endormir, c'est chaque soir redevenir un enfant, et plus l'on s'éloigne de cet état, plus on a de difficultés à le retrouver, moins on sait s'endormir.

Cette **quatrième clef** est peut-être la plus importante, non seulement parce que l'endormissement (ou le réendormissement) est le problème de 75 % des insomniaques permanents, et celui aussi de tous les insomniaques occasionnels, mais de plus elle permet à quiconque de s'endormir en quelques minutes quels que soient le lieu, le moment ou les circonstances (au milieu du bruit, de la lumière, même si l'on est envahi par ses soucis).

Certains savent le faire d'instinct ou parce qu'ils l'ont appris, mais cela est à la portée de tous les autres (sauf les cas pathologiques). Il faut simplement leur réapprendre d'abord que cela est possible, puis comment le réaliser, car faute de l'avoir réappris, nous nous trouvons désemparés lorsque le sommeil tarde à venir, ou même paraît s'enfuir d'autant plus vite et plus loin qu'on le recherche et le désire.

2. Le fameux rythme alpha

Rappelons tout d'abord que nul ne peut s'endormir sans être passé par l'état alpha, état intermédiaire entre l'état d'éveil et l'état de sommeil. Cela est vrai même pour ceux (par exemple les enfants) qui s'endorment en quelques instants.

Rappelons aussi qu'il correspond à un ralentissement et à une synchronisation (d'où une puissance accrue) du rythme des ondes cérébrales.

En effet, l'état d'éveil actif correspond aux ondes bêta : 30 oscillations par seconde en moyenne et de très faible amplitude.

L'état d'éveil passif correspond aux ondes alpha (recueillies sur l'occipital), 10 par seconde en moyenne (entre 8 et 12 suivant les individus) et de grande amplitude ; environ 5 fois celle des ondes du rythme bêta. Savoir s'endormir c'est déjà savoir se mettre et rester en rythme alpha. Attardons-nous donc un peu sur ce fâmeux état alpha. Il faut préciser que cet état ne sert pas seulement pour s'endormir : il est, par exemple, utilisé en dynamique mentale, mais dans ce livre il nous intéresse seulement par rapport au sommeil.

RYTHME ALPHA : ETAT INTERMEDIAIRE ENTRE L'EVEIL ET LE SOMMEIL Fréquence et amplitude des ondes		
Ondes bêta (éveil actif)	30 oscillations par seconde (en moyenne)	
Ondes alpha (éveil passif)	10 oscillations par seconde (en moyenne)	5 fois celle des ondes bêta
Ondes thêta (endormissement)	5 oscillations par seconde (en moyenne)	
Ondes delta (sommeil profond)	1,5 oscillation par seconde (en moyenne)	5 fois celle du rythme alpha, soit 25 fois celle du rythme bêta

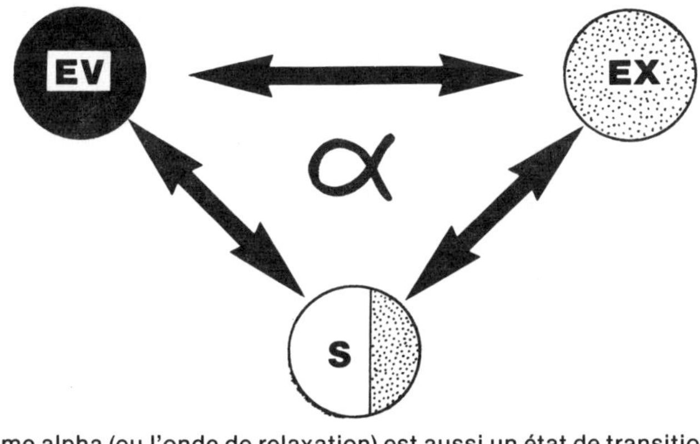

Le rythme alpha (ou l'onde de relaxation) est aussi un état de transition qui mène à l'activité mentale (éveil - EV), au sommeil (S) ou à l'extase (EX) pour disparaître avec eux.

On a souvent appelé cet état, le point mort de la conscience. C'est exact dans la mesure où on peut le comparer au point mort d'une automobile : au point mort, vous pouvez, par le levier des vitesses, passer à n'importe quelle vitesse et même en marche arrière.

De même, de l'état alpha vous pouvez soit revenir à l'état bêta de l'éveil actif, soit basculer puis plonger dans le sommeil par les ondes thêta d'abord (5 par seconde) puis delta (0,5 à 1 par seconde), soit aller vers l'état d'extase (ou de méditation) : également ondes thêta et même delta.

D'autre part, au point mort d'une automobile, le moteur n'entraîne plus les roues : on dit que l'on est en « *roue libre* ». Eh bien, en état alpha, on peut aussi dire que notre cerveau est en quelque sorte en roue libre !

Je crois que cette comparaison va déjà vous faire saisir ce que l'état alpha n'est pas, car on entend souvent dire : pour être en alpha, il faut d'abord se concentrer sur un objet, sur une idée, ou bien encore il faut essayer de faire le vide, d'arrêter ses pensées, etc.

Je ne crois pas qu'il faille utiliser ces méthodes, non pas qu'elles ne soient pas bonnes, mais tout simplement parce qu'elles ne sont pas nécessaires pour s'endormir.

L'état alpha est, au contraire, un état de laisser-aller : c'est un état non directif, de non-intervention, d'abandon, de relâchement, de lâcher prise total... et cela sur tous les plans.

a) Sur le plan physique

Bien sûr, il doit y avoir une décontraction, ce que l'on appelle maintenant une relaxation, c'est-à-dire que vos muscles ne sont plus commandés par votre cerveau, donc ne sont plus contractés.

C'est aussi un état d'immobilité. Pour être en alpha, il est préférable de s'asseoir ou de s'allonger pour que l'on puisse s'abandonner complètement. On peut cependant être en état alpha, assis ou même debout.

Précisons aussi que pour être en état alpha, il faut obligatoirement fermer les yeux. Seuls par exemple les maîtres Zen peuvent faire de l'alpha les yeux ouverts.

b) Sur le plan affectif

Vis-à-vis de vous-même, ou sur le plan social, il y a un détachement car c'est une libération de tout ce qui vous affectait lorsque vous étiez en éveil actif. C'est pour cela que l'état alpha correspond à un état de coupure, de non-communication avec l'extérieur et même avec soi-même, car c'est un abandon de son petit moi habituel et superficiel, qui n'est qu'un moi de relation.

Tout cela vous est devenu indifférent.

L'état alpha est une sorte d'état de grâce très agréable, hélas, devenu maintenant un peu exceptionnel ! Je crois que l'état alpha était très habituel pour les humains au paradis terrestre. Mais notre hyper-intellectualisme, en nous maintenant constamment en état bêta, nous a « *sortis* » de ce paradis terrestre.

c) Sur le plan de l'intellect

Il ne s'agit donc pas d'arrêter ses pensées : pour s'endormir ce n'est pas nécessaire. Il faut au contraire laisser filer ses pensées, les accepter toutes, sans en refuser, en repousser aucune ; il ne faut pas qu'il y ait de tri, sinon il y a intervention et même effort, donc volonté. Or l'état alpha est un état non volontaire puisqu'il correspond justement à l'abandon de la volonté.

Il ne faut d'ailleurs même pas essayer, comme on l'affirme souvent, de freiner ses pensées pour les ralentir (il ne faut pas confondre le ralentissement des pensées et le ralentissement des ondes cérébrales) ; il ne faut s'attarder sur aucune pensée car c'est un état de dérive mentale complète : il faut laisser flotter ses pensées si l'on veut aboutir au flou cérébral. Il faut en être en quelque sorte le spectateur passif, un peu comme si elles ne vous appartenaient plus.

En résumé, l'état alpha est un état de bien-être physique, de paix intérieure et extérieure, de non-attention à ses pensées.

Cet état d'ailleurs, le Christ l'a lui-même nommé comme étant (si l'on veut trouver le paradis) celui du « *simple d'esprit* », du pauvre d'esprit ce qui, soit-dit en passant, ne veut absolument pas dire un naïf, un benêt, un simplet, ou encore comme on l'a interprété : avoir l'esprit de pauvreté, mais un état de simplicité enfantine, de transparence intérieure.

Ainsi est-il extrêmement simple, enfantin d'être en alpha, mais l'humain s'est tellement complexifié que ce sont les choses les plus simples qui lui sont les moins accessibles.

L'alpha est rare, mal organisé, sporadique, brouillé, de faible amplitude : on fait de l'alpha « *en pointillé* ».

En lisant l'écriture cérébrale que constitue l'électroencéphalogramme, on constate de visu que l'Occidental n'est plus maître de son cerveau, de son alpha, et donc de son sommeil. Il ne sait plus sortir du rythme bêta trépidant. Il a effacé son rythme fondamental, celui, naturel, de toutes les cellules de son corps.

Aussi cet état alpha est-il très fragile, surtout au début. Rappelons quelques-unes des causes principales d'interruption de l'alpha : celui-ci s'arrête dès que l'on touche quelqu'un « *en alpha* », si on lui parle, si on lui fait entendre un bruit précis, un « *clic* » par exemple, ou s'il ouvre les yeux, s'il pense à quelque chose de précis, c'est-à-dire s'il revient à un état d'attention et à plus forte raison de tension. Il s'arrête aussi dès que l'on ouvre les yeux.

Bouger, remuer le coupe également. Le fameux « *comptez des moutons* » pour vous endormir ne nous paraît pas être un bon conseil car, bien que l'énumération des chiffres soit automatique, elle oblige cependant à une certaine attention, même si elle est faible.

Plus vous restez en alpha, moins il est fragile : en effet vous êtes de plus en plus indifférent à tout, de plus en plus loin de tout et vous n'avez plus envie, ni même presque la liberté d'en sortir : par exemple, le fait d'avoir « *décroché* » vos muscles vous rend presque paralysé au bout de quelques minutes, et il vous faudrait faire un effort pour bouger.

Notons enfin que cet état alpha est très précieux à réapprendre et à perfectionner car, non seulement il est le chemin qui vous mène au sommeil, mais il peut éventuellement remplacer le sommeil (cf. chap. IV).

3. Pour franchir la porte du sommeil

Si vous maintenez cet état alpha, alors vous allez voguer vers le sommeil et entrer dans un état crépusculaire de présommeil, un état torpide qui va induire le sommeil par un ralentissement des ondes cérébrales et l'apparition donc des ondes thêta encore plus lentes, 2 fois plus lentes que celles du rythme alpha (5 par seconde au lieu de 10). Ce sont encore des ondes de grande amplitude.

Mais pour arriver à ce basculement dans le sommeil, il vous faut éviter un certain nombre d'erreurs classiques sur lesqelles nous voudrions maintenant insister afin que vous ne « *tourniez pas le dos au sommeil* ». Que signifie cette expression ?

Lorsque vous interrogez quelqu'un qui a des problèmes d'endormissement et que vous lui demandez : « *Décrivez-moi ce qui se passe lorsque vous allez vous endormir, dans quel état êtes-vous ?* », voici quelques-unes des réponses les plus courantes (et vous allez reconnaître, pour certains d'entre vous, vos propres expressions) :

« *Je cherche à couper le contact, à faire le vide, à déconnecter, à ne plus penser à rien, à arrêter mes pensées, à penser à autre chose qu'à mes problèmes, etc.* »

Ou bien encore : « *Je cherche à contrôler, à dominer mon mental, à le freiner car j'ai l'impression que mon cerveau s'emballe, etc.* »

Et puis voici ce qu'on lit, et ce sont même des titres de livres ou d'articles : « *Victoire sur l'insomnie* », « *A la conquête du sommeil* »...

Voici, comme exemple « *éloquent* », un extrait d'un article récent dont le titre est pourtant « *Retrouvez le sommeil* » : « *Et vous vous couchez : une heure du matin catastrophe ! Vous êtes déjà éveillé et le spectre d'une nuit blanche entre dans la chambre. C'est ici que vous devez prouver à vous-même que ce n'est pas votre psychisme qui fera la loi chez vous, mais c'est vous qui allez lui commander de se réendormir.* »

Vraiment nous avons là un condensé de toutes les attitudes anti-sommeil. Pourquoi ?

Pour le comprendre, il importe de se remémorer la définition du sommeil de Mme J. Bouton : « *Le sommeil est un changement périodique d'activité cérébrale.* »

Rappelons en quoi consiste ce changement : un ralentissement des ondes cérébrales avec augmentation de leur amplitude, mais surtout une mise en pilotage automatique. C'est cela la différence la plus fondamentale entre l'état cérébral de veille et celui de sommeil.

4. L'état de sommeil : votre cerveau vous prend en charge

Dans la journée, c'est vous qui conduisez votre propre « *véhicule* ». Dans le sommeil, c'est votre cerveau qui vous fait parcourir chaque cycle, et chaque phase à l'intérieur de chaque cycle. C'est lui qui vous endort et qui sait quand il doit vous réveiller. Cette merveilleuse mécanique ne pourra bien fonctionner que dans la mesure où vous n'interviendrez pas. Il faut, pardonnez-moi cette expression, « *lui fiche la paix* ».

Notre cerveau s'occupe de tout, il veille sur vous et il veille à tout. C'est lui qui s'occupe aussi de toutes vos autres fonctions : respiration, digestion, glandes, etc., pendant votre sommeil. Il veille même « *au grain* » en cas de danger. Dès qu'il y a une alerte, il sonne l'alarme et le réveil et l'activité cérébrale se rallume d'elle-même. Mais l'humain veut toujours intervenir, faire quelque chose, mettre « *ses pattes partout* », c'est plus fort que lui. Il se croit indispensable, et ainsi ces rouages délicats, il les détraque. Normalement tout cela fonctionne tout seul et même cela ne peut fonctionner que tout seul.

Alors la clef d'or, le grand secret de l'endormissement, celui que personne ne vous a révélé (et même qui va à l'encontre de presque tout ce que vous avez lu et entendu) la voici : **pour s'endormir, il faut céder la place à son cerveau.**

Voici la phrase clef, que vous devez absolument retenir, ou mieux dont il faut vous imprégner, dans la journée, car ce n'est pas le soir en vous endormant qu'il faut y penser.

Sur le plan pratique, cela veut dire que le sommeil ne peut survenir si vous cherchez à intervenir, si vous essayez de faire quelque chose, et si vous cherchez quelque chose (même si c'est le sommeil que vous cherchez).

Toute recherche, toute attente, tout désir, tout effort, toute volonté de dormir, et bien sûr toute peur (du sommeil et de l'insomnie), éloignent le sommeil.

Tout cela sont des attitudes actives, positives, et en faisant cela, et je vous demande de bien le « *voir* », vous refusez de céder la place à votre cerveau, lui empêchant ainsi de vous prendre en charge ; dès lors vous refusez le sommeil, puisque c'est cela même l'état de sommeil.

Vous voyez la faute que l'on commet et pourquoi on peut dire qu'en réalité on tourne le dos au sommeil, car le sommeil est bel et bien le domaine exclusif de votre cerveau. Votre sommeil lui appartient.

Je ne voudrais pas avoir l'air d'établir une dualité entre votre cerveau et vous-même : il s'agit là d'une image, très « *parlante* », mais tout se passe comme s'il devait y avoir apparemment pour vous endormir une dychotomie entre vous et votre cerveau.

Disons sous une autre forme que le sommeil ne peut pas s'obtenir par une action volontaire de votre part : bien au contraire, vous ne pouvez être ainsi en état de sommeil puisque, par définition, il est la cessation de toute volonté.

Le docteur Paul Chauchard, qui a beaucoup étudié les mécanismes cérébraux des états de conscience et le sommeil, écrit d'ailleurs que dans un tel exercice de la volonté, il s'agit en réalité d'un faux volontarisme, de même que la vraie attention exige la suppression de toute tension.

Dans le sommeil, il n'y a rien à acquérir, à conquérir, puisque c'est une défaite, un abandon de tout. Il n'y a pas à lutter pour obtenir le sommeil, car c'est même l'abandon de toute lutte. C'est l'état d'éveil qui, lui, est un état de lutte permanente.

Il n'y a pas non plus à arrêter ses pensées, à faire le vide, car le sommeil n'est pas l'arrêt du cerveau. Tout au plus la mise en sommeil dans le sommeil profond et très profond du cortex cérébral, mais pour franchir le stade 1 et être en stade 2 de sommeil léger, ce n'est même pas nécessaire.

Le sommeil n'est absolument pas l'arrêt du cerveau : cela est la conception ancienne du sommeil, celle des Romains. Il ne s'arrête pas, il marche tout seul, c'est complètement différent.

5. L'état correct

On dit quelquefois : quelle est l'attitude correcte ? Mais le mot attitude n'est pas celui qui convient le mieux puisqu'il s'agit plutôt d'une non-attitude (attitude sous-entend attention).

Vous devez être le plus passif, le plus absent, j'allais même dire, le plus inexistant possible, et cela aussi c'est théoriquement ultra-simple.

Pour être en état de sommeil vous devez vous effacer, vous dissoudre, vous évaporer, vous volatiliser, disparaître, car vous ne pouvez pas être là, en même temps que votre sommeil.

« On ne dort que dans l'exacte mesure où l'on se désintéresse. » (Bergson.)

Que faut-il faire pour être en état de sommeil ? Réponse : surtout rien. Quelqu'un m'a dit un jour : « *Moi, pour m'endormir, je fais semblant de dormir, et cela marche presque toujours.* » Mais pourquoi « *presque* » : parce que c'est seulement presque cela, pas tout à fait cependant, car dans : « *faire semblant* » il y a encore une trace de velléité, tandis que dans « *l'attitude* » totalement négative, cela « *marche* » automatiquement.

Vous comprenez maintenant pourquoi celui qui s'acharne à dormir ne peut pas trouver le sommeil. C'est impossible. Oh ! si, il finira par le trouver, au petit matin : il en a assez de chercher à dormir, il abandonne. Et hop ! instantanément il s'endort.

Souvent également à l'heure de dormir, tous vos problèmes vous assaillent et vous ne pouvez vous endormir, ou bien ils vous réveillent. Eh bien, sachez que ce n'est pas du tout incompatible de s'endormir, ou se réendormir, avec des soucis plein la tête ! Ce qui est incompatible, c'est de s'endormir ou se réendormir en essayant de ne plus y penser. Autrement dit : si votre cerveau a décidé de vous faire penser à vos soucis, acceptez-le.

Il faut faire ce que veut votre cerveau, voilà la clef.

Voici encore un autre conseil : apprenez-vous (dans la journée) à rester le plus immobile possible. Car si dans votre lit vous vous agitez, si vous vous tournez et vous retournez, c'est incompatible avec l'état de sommeil, puisque ainsi vous commandez non plus à votre mental, mais ce qui revient au même, à vos muscles.

Donc, physiquement aussi, vous devez être totalement passif, comme si vous étiez devenu sans vie, comme une statue de pierre.

C'est très facile avec un peu d'entraînement ; attention, il ne s'agit pas d'avoir une attitude raide ou crispée mais, à l'inverse, de rester souple « *comme un foulard de soie* ».

Des expériences ont montré que pratiquement aucune insomnie, nous l'avons dit, ne résiste à plus de 15 minutes d'immobilité ; bien sûr, cette immobilité et cet état de passivité sont presque maintenant devenus, pour l'humain moderne, « *contre nature* ».

Notons enfin qu'il existe une méthode, celle du docteur Vittoz, qui permet sans crispation (car ce qui nuit surtout au sommeil est une attitude crispée) de se baigner dans la sensation, ce qui permet de lutter contre le vagabondage cérébral, donc favorise le silence de la pensée. Rien n'est plus endormant que certains exercices Vittoz telle la visualisation mentale des ondes de la pierre dans le bassin.

*

* *

Kafka, grand insomniaque, a écrit dans une de ses lettres à Milena : « *Ne pas dormir, c'est interroger. Si on savait comment répondre, on dormirait.* »

Eh bien, cette quatrième clef vous apporte la réponse ! Vous savez que dormir c'est ne plus interroger, pour dormir il faut non pas savoir comment répondre mais cesser de se poser des questions.

Savoir s'endormir en quelques instants, n'importe où, n'importe quand, en n'importe quelles circonstances, c'est à la portée de n'importe qui, car ce n'est pas une question d'aptitude mais d'attitude ou plutôt d'état correct.

Si, le moment venu, vous avez une confiance absolue dans votre sommeil (1re clef), si vous avez pris soin de synchroniser votre endormissement avec le moment où la nature vous verse ce fameux soporifique naturel très puissant (2e clef), si vous avez préparé convenablement votre sommeil (3e clef), et si enfin vous êtes dans cet état convenable (4e clef), je vous affirme que pour ne pas vous endormir, il faudrait presque « *le faire exprès* ».

CHAPITRE VIII

L'écologie de votre sommeil

1. On accumule les erreurs

Par les quatre clefs précédentes nous avons appris à nous placer, par étapes, pour nous endormir (ou nous réendormir), dans l'état intérieur physique et mental idéal, afin que sa Majesté le Sommeil nous accueille en son royaume.

Il s'agit maintenant de faire en sorte que ce qui est extérieur à nous, l'environnement de notre sommeil, le milieu dans lequel nous dormons, facilite encore cet endormissement (ou réendormissement) et même favorise notre sommeil. C'est pourquoi il est très important de ne pas négliger l'écologie du sommeil, l'écologie étant l'étude des relations entre l'être vivant et son milieu.

Si actuellement l'écologie s'intéresse de plus en plus à notre environnement pendant notre vie de l'éveil (domicile, travail, week-end, vacances), elle ne s'est jusqu'à présent que bien peu intéressée à celui de notre sommeil.

Or, ce qui entoure notre sommeil (le milieu dans lequel nous dormons et les accessoires de notre sommeil : vêtement, lit, chambre à coucher) a une énorme importance sur celui-ci.

A quoi sert en effet de savoir s'endormir si, par exemple, un mauvais lit provoque une latence de l'endormissement, ou si l'on est réveillé par le bruit, la lumière, la chaleur ou le froid ?

Rappelez-vous qu'à la fin de chacun de nos cycles de sommeil, nous revenons à la surface, c'est-à-dire pratiquement à l'éveil. Notre sommeil redevient donc ainsi plusieurs fois par nuit extrêmement fragile, vulnérable, très dépendant des conditions dans lesquelles nous dormons.

Autant pendant le déroulement de chaque cycle nous sommes aveugles, sourds, etc., autant entre les cycles, lors de chaque phase intermédiaire pendant lesquelles notre cerveau s'est éveillé et doit décider de nous réendormir, nos sens aussi se sont éveillés et notre sommeil est à la merci de toutes les sollicitations extérieures qui peuvent les atteindre. Celles-ci peuvent vous empêcher de vous réendormir et c'est l'insomnie : il nous faut théoriquement attendre le prochain cycle, 1 h 1/2 ou 2 heures plus tard.

Et puis ces mêmes sollicitations, si elles sont importantes et mal situées dans le temps peuvent aussi, lors du dernier cycle qui, rappelez-vous, ne comporte plus de sommeil très profond, nous réveiller à contre-temps, à contre rythme, avec toutes les conséquences très fâcheuses que nous avons déjà décrites.

Si l'on se penche donc sur l'écologie du sommeil, on s'aperçoit qu'il faut faire très attention à tout et que chaque détail compte. Or, très peu de personnes s'en préoccupent vraiment et il en résulte que pour la très grande majorité, le milieu dans lequel ils dorment perturbe et pollue leur sommeil plutôt qu'il ne l'améliore. Les règles élémentaires de l'écologie du sommeil n'étant pas respectées, plus par ignorance d'ailleurs que par négligence ou de manière délibérée, ils accumulent ainsi les erreurs qui détériorent, et même démolissent quelquefois leur sommeil.

Cette **cinquième clef** est l'étude rapide de ces règles élémentaires du bien dormir grâce à des conditions favorables : ambiance et matériel convenable. Nous nous en tiendrons d'ailleurs aux conseils généraux applicables à tous.

2. Votre vêtement de nuit

Faut-il dormir nu ou vêtu et, dans ce dernier cas, quel est le meilleur vêtement ?

Des expérimentations ont montré que c'était l'état de nudité qui convenait le mieux au sommeil. Votre peau est donc votre meilleure parure pour dormir.

Cela s'explique par le fait que toute entrave à la liberté du corps est une entrave au sommeil. Mais le vêtement peut même être une entrave psychique : dormir, nous l'avons vu, c'est recouvrer l'état de nature, l'état d'innocence d'avant votre naissance qu'est l'état de sommeil.

Dormir c'est aussi la liberté retrouvée, l'affranchissement des contraintes et conventions de l'état de veille. On ne peut s'endormir si on ne s'est pas au moins symboliquement dépouillé de tout, si l'on n'a pas tout abandonné physiquement et psychiquement. Essayez donc au moins une fois de dormir nu. Peut-être ne pourrez-vous plus vous en passer ?

Mais si l'on est pudique (même dans le noir) ou frileux, et si l'on a tendance à s'agiter la nuit risquant ainsi de se découvrir, si le lit et ses accessoires ont été mal étudiés, il vaut mieux se vêtir, sinon on pourrait être réveillé par le froid par exemple. Mais alors ce vêtement doit être tel que vous ayez l'impression d'être nu, pour satisfaire à la fois aux aises de votre esprit et à celles de votre corps : ample et léger pour éviter toute sensation de gêne.

Combien se contrarient ainsi le sommeil sans s'en rendre compte : par exemple par un vêtement trop chaud qui provoque une sudation exagérée (qui est déjà pendant le sommeil plus forte) à la longue débilitante.

Pour l'éviter, il faut du tissu approprié, aéré ou spongieux, le nylon étant de tous le plus mauvais car il empêche d'éliminer la transpiration nocture, et l'on « *baigne dans son jus* ».

Les vêtements trop lourds, trop ajustés, les ceintures qui serrent, les cols boutonnés trop haut, etc., vont gêner le sommeil, le rendre agité, amener des rêves désagréables : vous rêvez que l'on vous étrangle ou que l'on vous coupe en deux et avez même des réveils intempestifs.

3. Votre lit

a) Importance des influences cosmo-telluriques

Il faut savoir que, comme tout ce qui est à la surface du sol, et en particulier tous les êtres vivants, nous sommes soumis aux influences cosmiques et aux influences telluriques en provenance de la terre (du latin *Tellus* : terre), et cela, même lorsque nous sommes à l'intérieur de nos habitations, apparemment protégés par des murs, planchers et plafonds. La surface de la terre où nous vivons est le point de rencontre de ces deux sortes d'influences.

Bien sûr, nos cinq sens en perçoivent un certain nombre : par exemple la chaleur, la lumière en provenance du soleil.

Mais les cinq sens, dont chacun est très spécialisé, ne perçoivent pas tout. Heureusement l'humain a élargi les possibilités de ses sens en inventant un certain nombre d'appareils pour déceler et quantifier ces influences cosmiques et telluriques.

C'est grâce à eux que, par exemple, l'on sait que nous sommes soumis à la surface du sol à des champs gravitationnels provenant de l'attraction que les astres exercent entre eux et ces champs sont à l'origine d'ondes électromagnétiques.

Mais il y a bien d'autres influences en provenance du cosmos. Celles-ci agissent soit directement sur tout ce qui vit à la surface du sol, soit indirectement après réflexion par le sol, car une partie seulement pénètre et est absorbée par le sol, et une autre partie est réfléchie.

On conçoit donc que, suivant la nature du sol et son pouvoir de réflexion, l'effet des influences cosmiques varie ; c'est ainsi que l'on explique que certains sols paraissent agréables, légers et même toniques et d'autres « *lourds* » à vivre.

En ce qui concerne les influences telluriques, elles sont également très nombreuses. Une grande partie provient de la fission (c'est-à-dire la cassure) du noyau des atomes dans les profondeurs de la croûte terrestre sous l'influence des hautes pressions et températures.

Cette fission s'accompagne de rayonnements qui traversent très aisément la matière de la croûte terrestre et ils s'expriment par une radioactivité du sol qui est présente sur toute la surface du globe.

Mais, il y a trois autres sources principales d'influences telluriques :

Les eaux souterraines : les eaux de pluie s'infiltrent dans le sol et se répandent dans les nappes, lacs ou cours d'eau. Or, toute cette eau, en se déplaçant se charge positivement, car les charges négatives qu'elle contient se fixent sur les particules solides des terres et roches qu'elle rencontre.

Même les eaux stagnantes ne sont pas neutres car les échanges entre les arrivées d'eau qui les alimentent et les déperditions provoquent en leur sein des courants.

Toutes ces eaux qui se déplacent ou dorment en apparence, génèrent des courants électriques à la surface du sol, parfaitement mesurables, courants que n'arrêtent pas nos habitations.

De même les **discontinuités dans l'homogénéité des sols** provoquent également des courants électriques par ce que l'on appelle l'effet de couple. Il faut ajouter aussi toutes les **installations électriques** créées par l'homme (lignes électriques, transformateurs, appareils ménagers, etc.) qui sont aussi génératrices d'ondes électromagnétiques. Il y a encore bien d'autres sources d'influences telluriques.

La surface du sol est donc le lieu de rencontre entre les influences cosmiques et les influences telluriques, et de cette rencontre naissent des interférences et des résonances.

Il y eut de nombreux travaux pour étudier ces influences, qui commencèrent de manière rationnelle il y a un peu moins de 50 ans. Par exemple, ceux du docteur Peyre à Bagnoles-de-l'Orne, ceux du commandant H. Chrétien (en 1936) et ceux de Curry (1952).

Il y a un peu plus de 10 ans, le docteur E. Hartmann (de l'Université de Heidelberg) et de nombreux autres savants allemands (physiciens et médecins) firent apparaître des sortes de murs invisibles verticaux, orientés les uns nord-sud, les autres est-ouest, donc perpendiculairement les uns aux autres.

Ces murs ont environ vingt centimètres d'épaisseur, et c'est à l'intérieur que semblent se concentrer les influences combinées cosmiques et telluriques qui deviennent ainsi, dans l'épaisseur de ces murs, très actives biologiquement.

Ces murs forment ainsi comme un immense filet (appelé réseau Hartmann) dont les mailles ont en Europe centrale environ 2 m dans le sens nord-sud et 2,50 m dans le sens est-ouest. Voici un extrait du livre de l'architecte Rémi Alexandre intitulé justement : *Votre lit est-il à la bonne place ?*

« Durant ces trente dernières années de recherches expérimentales, l'existence de ce réseau quadrillé semblant sortir verticalement de terre a été confirmée en Allemagne par les physiciens Sollak, Cody, Curry,

Koenig et Varga des universités de Heidelberg, Göttingen, Tübingen, de Munich, par le professeur Dubrov de l'Académie de physique de Moscou, ainsi qu'en Italie par le professeur Drigo de l'Institut de physique de l'université de Ferrare, pour ne citer que les plus connus. »

Les expériences du docteur Hartmann, ainsi que d'autres recherches de géobiologie, montrent que les anomalies géologiques telles que les rivières souterraines, la rupture d'homogénéité des sols, etc., sont d'autant plus pathogènes que leur influence se superpose à celle du réseau quadrangulaire Hartmann.

L'espace compris dans l'épaisseur de ces murs peut avoir ainsi un effet nocif renforcé, et les intersections de ces murs invisibles du réseau Hartmann peuvent constituer de véritables nœuds pathogènes.

De même les zones comprises entre ces murs à l'intérieur des mailles qui sont normalement neutres et bonnes sur le plan de la santé peuvent, à cause de ces anomalies, soumettre l'individu à des réactions physiologiques permanentes.

La vie est née sur la terre dans ce milieu d'influences cosmotelluriques, et peut-être même en partie grâce à elles.

L'organisme de tous les êtres vivants y est sensible, et particulièrement le nôtre. Il semble d'ailleurs que ce soit surtout l'eau qui est en nous (plus de 60 % du poids total de notre corps) qui soit le plus sensible à ces influences : l'eau avec sa molécule bipolaire hydrogène-oxygène en partie ionisée, sert de « *résonateur* » électrique.

Notre bonne santé dépend grandement d'une bonne harmonie entre notre organisme et ces influences. Il est évident que si nous restons très longtemps en un endroit ou passent ces murs invisibles et, à plus forte raison, là où se trouve un nœud, nous subissons les effets de ces influences qui, même si elles sont très faibles, sont amplifiées à la longue par un effet de cumul.

Or, quels sont les lieux où nous restons longtemps au même endroit ? Ce sont les lieux de travail à postes fixes : bureau ou atelier où nous restons 8 heures sur 24, et aussi notre lit où nous restons également, en moyenne, 8 heures sur 24. On conçoit dès lors que l'emplacement de notre lit puisse avoir une grande importance, non seulement pour notre sommeil mais également pour l'ensemble de notre santé.

C'est pour cette raison qu'après un quart de siècle consacré à l'étude de ces phénomènes, le docteur Hartmann a pu écrire : « *Soixante à soixante-dix pour cent des maladies sont conditionnées par le lieu, et 70 % des troubles chroniques sont amplifiés par ce lieu.* »

Bien entendu, tous les individus n'ont pas la même sensibilité à ces influences, mais de nombreuses expériences ont montré que la santé physique et psychique (et le sommeil) dépendent en grande partie du lieu où l'on vit, dort et travaille, et pas seulement pour des problèmes d'hygiène et de salubrité, mais par suite de ces influences cosmotelluriques à l'endroit des postes fixes de travail et de sommeil.

La question se pose de savoir comment, sur le plan pratique, détecter et tenir compte de ces influences à l'emplacement de son lit. Bien sûr, on peut faire appel à un spécialiste de la géobiologie muni d'instruments de mesure et d'une certaine expérience. Mais, avant cela, on peut faire appel à notre sensibilité qui ne se limite pas seulement à nos cinq sens. Si l'on est à l'écoute de soi-même, on peut fort bien se rendre compte de ces influences.

Tout le monde sait qu'avant un orage on ne se sent pas bien, et pourtant souvent ni la température, ni le degré d'humidité, ni même la pression ne changent. C'est l'excès d'ions positifs de l'atmosphère qui crée ce malaise. Or, aucun de vos cinq sens ne détecte la teneur en ions de l'atmosphère.

Le fait que votre lit ne soit pas à la bonne place peut se traduire de façon très différente. Il faut donc vous observer lorsque vous êtes couché et avant d'avoir des troubles plus graves.

Par exemple, vous pouvez vous apercevoir que vous avez tendance à pousser votre conjoint (on cite l'exemple de ce couple dont la femme se réveillait toutes les nuits à 3 heures du matin ; elle a changé sa place dans le lit avec son époux, et c'est alors lui qui se réveillait à 3 heures du matin !) ou au contraire à dormir au bord du lit prêt à tomber, ou bien que vous avez envie de vous lever de votre lit parce que vous vous sentez inexplicablement gêné.

Cela peut aussi se traduire par des stimuli plus précis. Par exemple vous vous réveillez avec un mal de tête ou un mal de gorge qui disparaissent assez rapidement après vous être levé ou, plus généralement, vous ne dormez pas très bien, ou si vous avez, lorsque vous êtes au lit, une sensation d'inconfort ou même, simplement, si vous allez vous coucher sans plaisir, faites l'essai de déplacer votre lit d'au moins 50 centimètres.

Mais attention, nous avons dit que ces influences n'agissent qu'à la longue (quelquefois entre 3 et 5 ans) ; ne vous attendez donc pas à une amélioration rapide.

Cependant, au bout d'un certain temps, vous sentirez votre bien-être au lit, et votre sommeil nettement amélioré.

Dans notre civilisation où le lit est devenu un véritable meuble lourd et donc relativement fixe (alors qu'une grande partie de l'humanité couche encore par terre et pas seulement pour des raisons de moyens), l'emplacement de votre lit a une importance pour votre sommeil et votre santé. Veillez donc à choisir la pièce et la place la meilleure dans cette pièce.

b) Votre lit est-il bien orienté ?

Une vieille croyance japonaise indique que le lit doit être disposé de telle manière que le dormeur ait la tête au nord. Dormir autrement correspond à offenser les génies qui, pour se venger, nous jettent le mauvais sort et, d'abord bien sûr, un mauvais sommeil. Il est à remarquer que cette croyance existait chez beaucoup de peuples anciens et aussi que les animaux non domestiques dorment d'instinct la tête au nord magnétique.

Cette tradition de s'orienter dans l'axe du champ magnétique survit efficacement dans la plupart des pays d'Orient et des îles des océans Pacifique et Indien. Charles Dickens, l'illustre romancier anglais du siècle dernier, lorsqu'il était en voyage, commençait en entrant dans une chambre à coucher qui lui était destinée, par sortir sa boussole et faisait orienter ainsi son lit.

Des expériences scientifiques ont pu être réalisées prouvant que pendant le sommeil, selon le déplacement de sujet qui dormait dans un laboratoire du sommeil (sur un lit rotatif pouvant pivoter de 360 degrés), la pression artérielle était à son minimum lorsque la tête était placée au nord. Il suffisait alors de faire tourner le lit de 90°, et de placer ainsi la tête du sujet endormi vers l'ouest, pour assister aussitôt à une élévation de la pression artérielle ce qui est contre-indiqué pour le sommeil et peut même induire des cauchemars.

De même les hypnogrammes réalisés ont montré que la profondeur du sommeil variait avec l'orientation du lit, apportant la preuve scientifique de ce fait qui est maintenant incontestable.

Toutes les expériences réalisées par des magnétiseurs ou des hommes de laboratoires ont permis de constater que la position la meilleure était donc la tête au nord ; dans cette position on respirait plus librement, l'on ressentait un bien-être agréable.

Par contre, la position inverse entraîne des impressions pénibles et même des maux de tête.

Les architectes, ignorant cette influence du champ magnétique terrestre sur notre sommeil, n'en tiennent pas compte et, de ce fait, l'on ne peut pas toujours orienter son lit, tête au nord. Dans ce cas, il y a une autre position, moins favorable mais nettement préférable à une autre orientation, c'est la tête à l'est.

Pour achever de vous convaincre, voici en quelques mots l'explication de ce phénomène : on sait, par d'autres expériences sur des humains ou des animaux, qu'un champ magnétique, même faible (et même inférieur au champ magnétique terrestre) influe sur le fonctionnement de notre organisme.

Selon l'orientation du lit, le champ magnétique tellurique aura une influence bienfaisante ou non sur notre sommeil. A l'exemple d'une aiguille de boussole, le corps humain présente dans la position tête au nord le maximum de résistance dans le bon sens à ce champ terrestre.

Ajoutons cependant que cette orientation n'est bonne que si d'autres champs magnétiques plus puissants ne viennent pas la contrarier : ce peut être le cas par exemple si l'on dort trop près d'une ligne haute tension.

c) Qu'est-ce qu'un bon lit ?

Le lit est de très loin le meuble le plus important de notre existence, non seulement parce que tous les grands événements de notre vie (naissance, maladies, mort) s'y déroulent, parce que l'on y accomplit l'acte de procréation accompagné d'un des plaisirs les plus agréables, mais aussi parce que l'on y passe le tiers de sa vie environ, soit en moyenne entre 20 et 25 ans !

De plus, les deux autres tiers dépendent essentiellement de la qualité de notre sommeil, et donc entre autres de la qualité de notre lit. Or, la plupart des humains négligent leur lit.

On dit qu'autrefois beaucoup de personnes mettaient de l'argent dans leur matelas (pour le cacher). Nous vous recommandons de ne pas hésiter à enfouir sous une autre forme de l'argent dans votre matelas, pour l'acheter et l'entretenir. C'est l'investissement le plus rentable que vous puissiez faire. Votre lit doit être large, car vous devez pouvoir vous y retourner facilement sans vous réveiller, ni réveiller votre conjoint ; il vous faut :

— si vous dormez seul, un lit d'au moins 1 m, mieux 1,10 m, 1,20 m ou plus ;

— si vous dormez à deux, au moins 1,40 m et plus si vous voulez rendre vos sommeils plus indépendants, vos insomnies moins contagieuses.

Attention également aux lits trop courts qui vous obligent à dormir recroquevillés ou bien vous coincent les pieds.

Faut-il un lit dur ou un lit souple ?

Il n'y a pas de réponse qui convienne à tous car, en fait, il faut une souplesse « *à la carte* », adaptée à chacun. Voici quelques indications vous permettant cette adaptation :

— Les lits trop souples, dans lesquels on s'enfonce trop (tels les lits de plumes de nos grands-mères) sont à rejeter car on y est coincé et on ne peut donc bouger pendant la nuit pour changer de position : on se réveille alors ankylosé. De plus, contrairement à ce que l'on croit généralement, dans de tels lits certains muscles restent en tension et cela provoque des courbatures. On ne s'y repose pas le dos et un tel lit n'est pas bon pour ceux qui ont (ou qui ne veulent pas avoir) des problèmes de colonne vertébrale.

— Mais, à l'inverse, il ne faut pas non plus de lit trop dur : on doit laisser cela aux pénitents ou à ceux qui ont des problèmes de colonne vertébrale : pour ces derniers, il existe des lits plus durs ou même des lits dits « *inflexibles* » ou des sommiers à planche incorporée.

Le meilleur lit est celui qui soutient le corps en répartissant la pression de manière égale sur toutes les parties en contact.

Sommier

Jusqu'à présent la solution classique est le sommier garni de mousse ou de ressorts. Il existe des sommiers à lattes de bois articulées par un jeu de rotules en caoutchouc. On vient de créer un lit « *à modulation cinétique* » dont le sommier épouse les formes du corps, c'est-à-dire les creux et le relief avec possibilité de l'ajuster exactement aux mesures de chacun (même pour les lits pour deux personnes).

Matelas

— Le plus courant (65 % du marché actuel) est le matelas à ressort. Plus il y a de ressorts, théoriquement mieux cela vaut ; un matelas ordinaire en comporte 200, certains en comportent 600 et d'autres jusqu'à 2 000. Il est conseillé de les retourner et de les faire pivoter de la tête au pied tous les 15 jours.

— Le matelas de laine. C'est celui de nos grands-mères, et il est un peu dépassé (10 % du marché). Il faut le retourner au moins chaque semaine et le faire recarder tous les 5 à 7 ans, sinon on dormira dans une ornière, et sur une galette car il se creuse et se tasse à l'endroit du corps, et cela est défavorable au bon sommeil.

— Le matelas de mousse : il faut faire très attention au matériau utilisé. Le meilleur est en mousse de latex naturel (sève de l'hévéa) constituée de millions de petites alvéoles emplies d'air qui font ressort. Pour les autres matériaux, attention à ce qu'ils ne se tassent pas.

Sur quoi reposer votre tête pendant le sommeil ?

Si vous dormez toute la nuit sur le ventre, ce qui est rare, vous n'avez besoin de rien. Sinon vous devez soutenir votre tête. Mais attention à cette erreur très généralisée : ce n'est pas votre crâne qui doit être soutenu mais votre nuque. En appuyant votre crâne, vous contrariez la « *respiration crânienne* », et les Japonais ont découvert que cela pouvait être une des causes de la myopie car ce sont les os du devant de la face qui bougent, ceux de l'arrière de la tête étant bloqués.

En Orient, on dort sur des appuie-nuques. Pratiquement tous les oreillers classiques occidentaux sont antifonctionnels ; les 4 dessins ci-dessous vous feront comprendre pourquoi, que l'on soit couché sur le dos ou sur le côté.

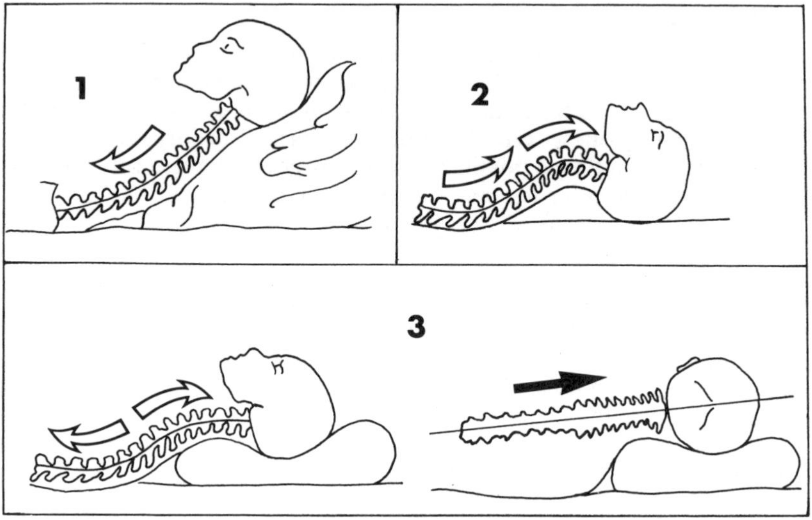

1. Avec un oreiller traditionnel : Colonne cervicale hyperfléchie
 = **CYPHOSE CERVICALE**
2. A plat sans oreiller : Colonne cervicale en hyper-extension
 = **LORDOSE CERVICALE**
3. Utilisation en décubitus dorsal : **couché sur le dos...**
 Utilisation en décubitus latéral : **...ou sur le côté.**

Cela est particulièrement vrai pour ceux qui ont des problèmes de vertèbres cervicales, mais en fait tout le monde doit soutenir sa nuque s'il veut, à titre préventif, éviter ces problèmes de vertèbres cervicales et s'il veut avoir un bon endormissement, un bon sommeil (non agité et sans réveils intempestifs) et aussi éviter des douleurs et raideurs matinales.

Quelle épaisseur doit avoir votre appuie-tête ? C'est très simple : vous devez avoir pendant votre sommeil la tête placée dans la même position que pendant l'éveil (sauf certains cas particuliers).

Faites l'essai suivant : dans la journée, debout, penchez la tête à droite ou à gauche : c'est inconfortable et vite douloureux par suite de la tension du côté opposé à celui vers lequel vous penchez la tête.

Eh bien, c'est ce qui se passe si, dormant sur le côté, vous avez un appuie-tête qui est trop gros ou trop petit ! Il en est de même lorsque vous êtes couché sur le dos. En général, la même épaisseur d'appuie-tête convient pour la position sur le dos ou sur le côté.

Vérifiez donc, soit à l'aide d'un miroir ou avec l'aide de quelqu'un d'autre, si votre tête est calée convenablement.

Il faut se rendre compte de l'importance de tels détails : certains se sont créé des douleurs cervicales avec même élévation de la tension sans en deviner l'origine et tout cela a disparu presque du jour au lendemain avec un oreiller fonctionnel.

Votre position dans le lit

Elle ne compte que pour l'endormissement car, après, on change de position de nombreuses fois au cours de la nuit, même pendant les nuits calmes.

La meilleure position pour vous endormir est celle dont vous avez l'habitude ; elle fait partie de votre rituel d'endormissement qui existe chez tous les humains, et même chez les animaux. Il correspond au besoin de sécurisation si important pour s'endormir, et il ne faut donc pas le contrarier : les habitudes viennent en général d'ailleurs de la prime enfance.

Mais on devrait apprendre à s'endormir dans différentes positions. En effet, supposons que vous ayez l'habitude de vous endormir sur le côté gauche. Si vous avez un soir une douleur à gauche, votre endormissement dans une autre position dont vous n'avez pas l'habitude risque d'être plus difficile.

Il existe cependant une position idéale pour s'endormir ; essayez-la, surtout si vous avez des problèmes d'endormissement.

C'est la position sur le dos dite *« en décubitus dorsal »*, la nuque soutenue (et non pas le crâne), le corps ainsi que la tête légèrement tournés vers le côté droit.

Les bras sont le long du corps, mais légèrement repliés et très détendus, les mains fermées mais sans serrer, les pieds non pas verticaux et parallèles, mais légèrement ouverts, en éventail, pour que le poids du drap ne vienne pas vous recroqueviller les orteils dans un sens ou dans l'autre.

Quelques renseignements complémentaires

— Certaines personnes hésitent à dormir sur le côté gauche, on leur a dit que cela comprimait le cœur, c'est inexact.

— Si vous avez mal au foie ou des difficultés digestives, il vaut mieux s'endormir sur le côté droit.

— Certaines personnes ont un sommeil agité lorsqu'elles dorment en se tournant vers un mur, lorsque celui-ci est trop près.

Un conseil si vous avez des problèmes d'endormissement

Un professeur américain, le professeur Kelly, a perdu le sommeil à 70 ans, et il a consacré le reste de sa vie (il est mort à 95 ans) à mettre au point des méthodes pour retrouver le sommeil (après l'avoir lui-même retrouvé grâce à ses méthodes) pour ses frères insomniaques. Il a remarqué qu'un léger excès de gaz carbonique dans le sang est un soporifique naturel puissant.

Alors, mettez le drap sur votre bouche, le bord arrivant juste sous le nez : vous respirez ainsi un peu d'air que vous avez rejeté contenant donc un excès de gaz carbonique. C'est très efficace.

Mais attention, ne vous mettez pas la tête sous le drap, vous respireriez trop longtemps un air vicié et c'est mauvais pour votre sommeil et votre santé.

4. Votre chambre à coucher

Faites de votre chambre à coucher un lieu sacré, qui n'appartient qu'à vous, votre temple du sommeil.

Tous les animaux ont, pour dormir, un lieu précis : leur nid, leur tanière ou un simple trou. La chambre à coucher est de très loin la pièce la plus importante de votre vie. C'est celle à laquelle vous devez consacrer le plus de soin et le plus d'argent. C'est celle où vous passez le plus de temps et, de plus, répétons-le, de la qualité de votre sommeil dépend en grande partie la qualité de votre vie. C'est pourtant la pièce la plus négligée !

— Elle devrait être la pièce la plus claire (soleil) et c'est souvent la plus sombre.

— Elle devrait être la plus belle, et c'est souvent la plus « *moche* ».

— Elle devrait être la plus grande et c'est souvent la plus petite.

a) Ensoleillement

On a constaté que dans des lieux (grottes par exemple) où n'entre pas le soleil, il était très difficile de dormir sans un grand entraînement.

Le soleil dans la journée, dans la chambre à coucher, favorise le sommeil de la nuit, à tel point que l'on peut presque dire que : « *où entre le soleil n'entre pas l'insomnie* ».

b) Décoration de votre chambre

N'accumulez pas, comme c'est trop souvent le cas, un bric-à-brac d'objets, de photos, de tableaux : entre eux et vous, il y a à votre insu des échanges qui risquent de perturber votre sommeil et d'encombrer vos rêves par exemple en vous rappelant juste avant de vous endormir des parents disparus. Il ne faut pas non plus que votre chambre à coucher vous rappelle votre activité professionnelle.

Depuis quelques années, on a appris beaucoup sur les effets des couleurs sur vos humeurs et donc sur votre sommeil. On peut, rien qu'avec des couleurs, accélérer ou ralentir les rythmes cardiaques et respiratoires.

Si vous viviez constamment dans des pièces où tout est peint en noir, même si elles sont bien éclairées, vous deviendriez rapidement neurasthénique.

Pour votre chambre à coucher, pas de couleurs vives, irritantes, et non plus de couleurs attristantes. Pas de papiers aux dessins compliqués.

Les plus mauvaises couleurs sont le rouge vif (qui est excitant) et le jaune vif (qui est tonifiant). Or, tenez-vous bien, une enquête a montré que ce sont justement les deux couleurs le plus répandues aux U.S.A. pour les chambres à coucher ! Ce sont toutes les deux des couleurs idéales pour... un dancing, car elles empêchent de s'endormir !

Les couleurs idéales pour s'endormir sont le vert pastel et le bleu pastel : elles sont d'ailleurs employées dans les asiles psychiatriques pour calmer les agités. Elles aident tout le monde à se détendre.

Ne croyez pas que les couleurs des murs, du plafond ou même des meubles dans la chambre à coucher n'ont que peu d'importance. D'abord, elles vous influencent dans cette partie importante pour votre sommeil de la 1/2 heure qui le précède jusqu'au moment où vous éteignez la lumière. Des expériences ont montré qu'elles agissent également après, donc jusqu'à votre endormissement, et même après que vous vous soyez endormi.

c) L'aération

Il faut longuement aérer sa chambre pendant la journée. Le soir venu, personne ne doit y pénétrer, même pas vous (c'est une erreur très répandue) car votre chambre à coucher n'est pas un bureau de travail ni un salon où l'on séjourne, où l'on cause et, à plus forte raison, où l'on fume. En principe, dans un temple ou une église, on ne travaille, ni ne fume, ni même ne parle.

En faisant cela, non seulement vous diminuez le taux d'oxygène très important pour votre sommeil, mais surtout vous vous volez à vous-même (et aussi les autres vous volent) les fameux ions négatifs déjà si rares dans nos logements et qui sont pourtant si précieux pour votre sommeil.

De plus, il faut qu'il y ait ce que l'on appelle une association réflexe entre votre chambre à coucher et dormir, et pour cela il est important qu'elle ne serve à rien d'autre.

Ne laissez pas non plus de plantes vertes la nuit dans votre chambre : elles aussi vous volent votre oxygène car la nuit elles en consomment et rejettent du gaz carbonique (d'ailleurs vous les dérangez aussi, et j'allais presque dire : vous les « *empêchez de dormir* »). Un « *poêle* » vous vole aussi votre oxygène. Nous vivons déjà assez le jour, nous citadins, en état de semi-asphyxie.

Ecoutez d'ailleurs ce conseil très bénéfique pour votre sommeil : juste avant de vous coucher, ouvrez toute grande la fenêtre de votre chambre quelques minutes.

D'autre part les taux d'oxygène et de gaz carbonique doivent rester pendant toute la nuit les plus constants possible. Combien de réveils pesants et de « *remise en marche* » difficiles le matin sont simplement dus à un excès de gaz carbonique ?

Or, on ne peut pas toujours laisser sa fenêtre entrebâillée à cause du bruit ou des autres pollutions extérieurs (fumées, odeurs, etc.), d'où la nécessité d'avoir une grande chambre à coucher, surtout si l'on dort à deux. Mais, si cela ne vous est pas possible, alors voici un conseil simple : laissez la porte de votre chambre ouverte ou entrebâillée ; vous disposerez ainsi du volume d'une autre pièce.

d) La température

Il faut y faire très attention, car à 2 ou 3 degrés près, vous avez un bon ou un mauvais sommeil.

En général, en hiver on pèche par excès. Il faut que règne dans votre chambre à coucher une température d'environ 3 degrés inférieure à celle que l'on supporte pendant la journée pour avoir le meilleur sommeil (sauf pour les personnes très âgées, pour lesquelles la température doit être égale à celle de la journée).

Quelqu'un a dit : « *Pour bien dormir, il faut avoir la conscience tranquille et les pieds au chaud.* » Mais pour ne pas avoir les pieds au froid, ne chauffez pas trop votre chambre : adoptez plutôt une bouillotte ; cela aide à la circulation du sang, décongestionne l'encéphale, et favorise donc la venue du sommeil.

Attention aux couvertures chauffantes : elles envoient des flux électromagnétiques qui, pour certains, sont des sources d'insomnie.

Un conseil : s'il y a une source de chaleur dans votre chambre (radiateur ou autre) que ce soit plutôt vos pieds que votre tête qui s'en approchent, sinon vous dormirez moins bien.

e) L'humidité

Très peu de personnes y pensent, et pourtant ce détail oublié peut, à lui seul, compromettre votre sommeil. Il faut, pour bien dormir, un degré hygrométrique de 50 à 60, et bien souvent, en hiver avec les systèmes de chauffage actuels, on a à peine la moitié.

Il est mauvais de passer le tiers de son existence dans une atmosphère qui dessèche l'organisme. De plus, le sommeil s'en trouve affecté parce que nos lèvres, bouche, gorge, bronches et poumons sont irrités par dessiccation des muqueuses.

La solution de fortune peu efficace est de mettre une casserole sur le radiateur, ou ce que l'on appelle à tort d'ailleurs un saturateur : petit réservoir que l'on glisse entre les éléments et que l'on remplit d'eau. L'effet n'est pas nul si toutefois on pense à le remplir régulièrement !

Pour favoriser le sommeil on peut ajouter à l'eau, mais très très discrètement, un tout petit peu d'eucalyptus, des peaux d'orange, du benjoin ou encore de la lavande. Mais le moindre excès peut gêner l'endormissement par excitation de l'odorat. Or, pour nous endormir, rappelez-vous, il faut que nos sens se coupent.

On vend maintenant des hygromètres très bon marché, ils ne sont pas très justes mais leur précision est suffisante. On trouve aussi des humidificateurs pas très chers et qui sont assez efficaces.

Sachez enfin que notre soif de la journée est en rapport direct avec le taux d'humidité que nous supportons la nuit.

f) L'éclairage

Bien que l'on soit aveugle pendant tout son sommeil, l'éclairage a une grande importance. « *Avec l'électricité, l'insomnie dans le monde a commencé* », a dit Ferrero. La lumière est en effet un synchroniseur ou un désynchroniseur de votre sommeil.

Déjà l'éclairage que nous subissons pendant la soirée qui précède notre sommeil peut favoriser ou démolir notre sommeil. Des lumières violentes ou variables fatiguent les yeux et sont des antisommeils. Il en est de même si on lit ou si on fait des travaux de couture par exemple avec un éclairage insuffisant.

Normalement, pour favoriser la venue du sommeil, on devrait faire en sorte que la lumière dans nos appartements baisse progressivement au fur et à mesure que l'on s'approche de l'heure du coucher, de la même manière que la lumière du jour s'atténue elle aussi peu à peu. Cela, bien sûr, en cessant tout travail minutieux.

Ainsi notre vue serait de moins en moins sollicitée, et donc aussi notre centre d'éveil qui, rappelez-vous, est excité au passage par les messages sensitifs reçus par nos sens et qui vont à notre cerveau. Or, 90 % de ces messages arrivent par les yeux. Cela facilite donc, comme nous l'avons montré, l'extinction nécessaire de votre centre d'éveil et l'éveil progressif également nécessaire de votre centre du sommeil.

Puis, dans notre chambre à coucher elle-même, il faut évidemment proscrire toute lumière violente et directe. L'éclairage, en particulier de votre lampe de chevet, doit être extrêmement bien étudié, surtout si on lit avant de s'endormir : le plus mauvais étant l'ampoule au milieu de la pièce, le mieux étant une lampe derrière votre tête (et par exemple contre le mur où est adossé votre lit), mais assez haute.

L'idéal est, là encore, de faire baisser progressivement l'éclairement grâce à un rhéostat (on en trouve de bon marché) sur votre lampe de chevet, manuel ou mieux, commandé par une minuterie.

Sinon, vous pouvez aussi utiliser une toute petite veilleuse bleue (le bleu est sécurisant) ; cette veilleuse peut être très facilement fabriquée par vous-même avec une petite ampoule que vous peignez. Elle doit être allumée lorsque vous éteignez votre lampe de chevet et cela fait une transition (elle peut être coupée automatiquement par une petite minuterie).

Si vous n'avez ni rhéostat, ni veilleuse, voici un moyen ultra-simple : fermez les yeux quelques minutes avant de fermer la lumière. Vos paupières n'étant pas complètement étanches à cette lumière assureront en partie cette transition indispensable.

Dès que vous avez éteint, il faut l'obscurité complète dans votre chambre. Cela facilite bien sûr l'endormissement mais, de plus, la lumière agit sur votre sommeil, même si étant devenu aveugle, vous ne la voyez pas : des expériences ont été réalisées qui ont montré que la lumière provoque, sans nous réveiller, un afflux de sang au cerveau ce qui, bien sûr, va à l'encontre d'un bon sommeil ou donne un sommeil agité.

De plus, il faut que la lumière du jour ne pénètre le matin dans votre chambre que très très discrètement sinon, surtout en été, votre cerveau risque de se tromper de cycle et de vous réveiller trop tôt.

Enfin, le lendemain matin surtout, n'ouvrez pas brutalement les yeux à la lumière. C'est très important. Allumez progressivement votre lampe de chevet avec le rhéostat, ou bien d'abord votre veilleuse bleue ou bien, si vous n'avez ni l'un ni l'autre, ouvrez d'abord la lumière de votre lampe de chevet et n'ouvrez les yeux que quelques minutes après. Cette transition est encore plus importante le matin que le soir.

Savez-vous que les Indiens, au moment de leur naissance, cachent les yeux des nouveau-nés pendant plusieurs heures et les habituent très progressivement à la lumière ; c'est grâce à cela, paraît-il, qu'ils ont une vue perçante toute leur vie et qu'ils y voient la nuit.

Eh bien, ce traumatisme visuel qu'ils refusent de subir une fois dans leur vie, nous nous l'infligeons chaque matin de notre vie, pendant des années, après être restés pendant des heures dans le noir !

Un conseil : si la nuit vous êtes obligé de vous lever, n'allumez pas, sinon vous obligez votre cerveau à revenir au rythme bêta, et vous aurez beaucoup plus de mal à vous réendormir... et vous risquez aussi de réveiller votre conjoint !

5. Le bruit et le sommeil

a) Les effets du bruit

Le bruit de la journée est un ennemi de votre sommeil car il produit une fatigue nerveuse qui lui est nocive.

Fuyez donc le plus possible le bruit qui est, et l'on ne s'en rend pas assez compte, la pollution n° 1 de la vie moderne. Par exemple, le bruit dans les grandes villes est responsable de plus de la moitié des troubles nerveux et donc de nombreuses insomnies, mais ce sont plus encore les bruits de la nuit qui sont à craindre pour votre bon sommeil : vacarme de la rue, des voitures, des noctambules, les bruits de vos voisins par exemple, de leurs pas, de leurs voix, de leur chien, de leur télévision ou de leur radio, les bruits de l'ascenseur, etc.

Or, pour dormir et dans le sommeil, tous les sens se coupent progressivement, mais seul celui de l'ouïe ne se coupe jamais complètement car il est chargé d'assurer le service de garde ; c'est une nécessité vitale pour tous les animaux comme elle l'était aussi pour l'homme préhistorique.

Le bruit agit directement sur notre endormissement, puis sur notre sommeil, par son action sur l'oreille mais, de plus, il provoque des messages sensitifs qui, dans leur parcours jusqu'à notre cerveau, passent dans le tronc cérébral tout près de notre centre de l'éveil et l'excitent. De plus, il agit par l'intermédiaire des glandes corticosurrénales en augmentant le taux d'adrénaline dans le sang qui est, vous le savez, la substance de l'éveil.

Le bruit provoque aussi des perturbations neuro-musculaires et circulatoires, une élévation de la tension artérielle et, comme l'a montré l'ingénieur Albert Jurriens de l'Institut néerlandais de l'environnement au Congrès professionnel international du sommeil qui s'est tenu en 1980 à Amsterdam, il y a une relation entre les variations de volume du bruit et celles des battements du cœur.

Vous voyez donc tous ces effets qui sont contraires au bon sommeil et qui se cumulent.

Alors, il y a bien sûr les bruits qui vous réveillent : savez-vous par exemple qu'un motocycliste bruyant qui traverse Paris réveille plus de 250 000 personnes ?

Mais il y a, plus mauvais, les bruits que l'on n'entend pas : par exemple les infrasons, très répandus dans notre vie moderne. En effet, ils sont émis par les moteurs des voitures, des réfrigérateurs, etc. Ils créent pas mal d'insomnies dans des chambres où, apparemment, règne le silence.

C'est comme cela que l'on explique aussi certaines insomnies pour les habitants des pays méditerranéens, lorsque souffle le mistral ou le sirocco qui émettent des bruits à des fréquences d'environ 0,6 hertz, donc infrasoniques.

Mais revenons aux bruits que l'on entend : ils peuvent perturber votre sommeil à votre insu parce qu'ils ne vous réveillent pas. Voici un extrait d'un article de la revue *Nuisance et environnement* consacrée au bruit urbain : « *La nuit, le dormeur peut réagir soit à un bruit de crête, ce qui entraîne des changements dans la profondeur du sommeil, soit à la “ densité ” du bruit nocturne et, dans ce cas, le cycle du sommeil se trouve modifié avec diminution de certains stades* » (en particulier le stade paradoxal le plus précieux — note de l'auteur). « *Des crêtes de 40 à 50 décibels, pourtant modestes, peuvent avoir des effets frappants : des individus de 30 ans soumis à des bruits de cette intensité (donc faible) voient leur sommeil se rapprocher de celui de personnes de plus de cinquante ans.* » (Cela veut dire qu'il y a moins aussi de sommeil très profond.)

Il y a donc, vous le voyez, un vieillissement prématuré important de votre sommeil par le bruit et, rappelons-le, il s'agit ici de bruits qui ne réveillent pas.

b) Comment se protéger du bruit

Le problème du bruit n'est pas très facile à résoudre, tout d'abord parce que le silence complet dans une chambre peut être pour certaines personnes, anxiogène ; certains petits bruits familiers faisant partie de leur rituel d'endormissement peuvent les aider à s'endormir en les sécurisant.

C'est le cas aussi pour certaines personnes habitant au bord de la mer. Si elles dorment ailleurs, le bruit de ressac de la mer leur manque et crée l'insomnie. On cite aussi les exemples classiques du meunier que son moulin réveille... quand il s'arrête, ou le garde-barrière qui est réveillé par un train... qui n'est pas passé.

De plus, tous les bruits ne sont pas forcément nocifs, certains même induisent le sommeil. C'est le cas par exemple de certains bruits réguliers à une fréquence voisine du rythme alpha ou du rythme thêta (10 à 5 par seconde).

Certaines musiques (la musique est du bruit organisé) sont favorables au sommeil. On a même composé spécialement des musiques somnogènes (Centre international de musicothérapie, à Paris) qui induisent le sommeil, sans effets secondaires. Il y a même accoutumance « *à l'envers* » parce que plus on l'écoute, plus elle est efficace.

Mais, mis à part ces cas particuliers, le problème du bruit vis-à-vis de notre sommeil est de diminuer le nombre de décibels.

Rappelons que le décibel est l'unité de mesure habituelle d'intensité du son : c'est la plus petite différence d'intensité que l'oreille humaine normale peut percevoir entre des sons.

La solution idéale : insonoriser votre chambre. Ce peut être onéreux et même quelquefois quasi impossible.

On peut cependant atténuer le bruit en plaçant des vitrages plus épais ou des doubles vitrages aux fenêtres ainsi que des volets et des rideaux épais. Les tapis, moquettes, capitonnage des murs absorbent les bruits, on le sait : les sons résonnent beaucoup plus dans une pièce vide.

Bien sûr, cela coûte un certain prix pour la chambre à coucher. Calculer trop juste est, nous l'avons dit, un mauvais calcul : votre sommeil et donc votre santé physique et psychique en dépendent. Investir dans sa chambre à coucher (à bon escient) est très rentable.

Voici un moyen simple, peu coûteux et très efficace si, par exemple, vous ne voulez plus être dans les 250 000 personnes que réveille le motocycliste bruyant, ou si vous ne voulez pas être à la merci de votre voisin du dessus qui a décidé de rentrer à 3 heures du matin : mettez des boules Quiès. Personnellement nous dormons avec deux boules Quiès dans chaque oreille. Certaines personnes ont du mal à les supporter, encore que l'on s'y habitue très vite. Il y a d'autres boules fort efficaces, les boules Ear que l'on trouve dans certaines pharmacies.

Enfin, si vous avez des problèmes de bruit, avec vos voisins par exemple, il y a la Ligue française contre le bruit (25, rue de Madrid, Paris) et des associations contre le bruit (8, allée de la Forêt, La Celle-Saint-Cloud, par exemple).

*

* *

Nous voudrions, pour terminer cette cinquième clef, en souligner l'importance. L'humain commence à prendre conscience de l'influence de son milieu sur la qualité de sa vie et toutes les préoccupations écologiques actuelles en témoignent. Il se rend ainsi compte que dans certains domaines, c'est une question de survie pour lui.

La plupart des humains attachent à leur environnement pendant leur vie de l'éveil une certaine importance : par exemple, ils cherchent à faire en sorte que leur cadre de vie privée, familiale, soit le plus agréable, le plus confortable possible, et pas seulement pour une question de standing.

Ils demandent même maintenant que leur cadre de travail le soit aussi, même dans les usines et pas seulement dans les bureaux, et ils ont raison.

Périodiquement, ils vont se replonger dans le cadre naturel de la campagne, et des associations, et même maintenant des partis écologistes, s'occupent de notre environnement et notamment cherchent justement à protéger la nature contre les ravages de l'homme.

Mais pourtant la plupart des humains (y compris les écologistes) négligent presque complètement l'environnement du sommeil.

Cette clef était destinée à vous sensibiliser et aussi à les sensibiliser à l'écologie de notre sommeil. Nous voulions montrer l'énorme influence du milieu dans lequel nous dormons sur notre sommeil et donc sur la totalité de notre vie : il doit favoriser et non polluer notre sommeil et un seul détail oublié suffit à le garder.

Par contre, si vous y êtes attentif, vous pouvez pour certains retrouver votre bon sommeil et pour tous l'améliorer très sensiblement.

CHAPITRE IX

La diététique et l'exercice

C'est dans la journée que l'on fait sa nuit, mais c'est aussi dans la journée que l'on peut démolir son sommeil de la nuit suivante ; c'est ce que font beaucoup d'humains en accumulant les erreurs, et ils s'étonnent, le soir venu, de trouver rarement le bon sommeil et de ne pas bien s'endormir ni bien dormir. Ils s'inquiètent de ce que, au fur et à mesure où ils avancent en âge, se dégrade le sommeil de leur enfance.

Or chaque geste, chaque pensée, chaque sentiment de votre journée influence votre sommeil. Nous nous limiterons aux deux aspects majeurs suivants : l'alimentation et l'exercice.

1. L'alimentation

Il faudrait, pour traiter ce sujet, un livre entier tellement est importante son influence sur notre sommeil. De plus, les erreurs alimentaires sont une des causes les plus fréquentes d'insomnie à tel point que l'on a pu dire que beaucoup d'entre elles n'étaient en réalité que des troubles digestifs. D'ailleurs beaucoup d'insomniaques ont retrouvé le sommeil simplement en changeant leurs habitudes alimentaires.

On a dit : « *Toutes nos maladies commencent dans notre assiette* » (A. Rousseau, directeur de l'Institut d'humanisme biologique et de naturopathie), et cela est particulièrement vrai pour l'insomnie.

Alors qu'au contraire si l'on est malade ou insomniaque, notre alimentation devrait nous guérir selon le principe d'Hippocrate « *que l'aliment soit ton remède fondamental* ».

Notre alimentation peut en effet favoriser le sommeil au lieu de le démolir. Rappelez-vous par exemple que les hormones du sommeil et du rêve (neurotransmetteurs) sont fabriquées par notre organisme à partir des protéines de nos aliments. Il y a, d'autre part, trois organes dont le bon fonctionnement a un rapport direct avec notre alimentation et notre bon sommeil, ce sont : le foie, la vessie, et l'intestin.

Quelles sont donc les erreurs principales à éviter et les conseils principaux à suivre ? On entend dire souvent : « *Tout ce que l'on mange avec plaisir ne peut pas faire de mal.* » Vrai ou faux ?

Cela serait vrai si l'humain avait gardé, comme tous les animaux, cet instinct de savoir ce qui lui convient ou ne lui convient pas. Or, il l'a perdu et c'est pourquoi d'ailleurs on a inventé la diététique.

Donc c'est faux et on pourrait presque dire que c'est l'inverse, car il y a eu une perversion, une inversion de ce système de sécurité, de protection et « *plus c'est meurtrier, plus on aime* », par exemple tout ce qui est bourré de crème, de sucre, de chocolat, de sauce, etc.

Mais je ne pousserai pas trop loin le paradoxe car on peut faire de la nourriture délicieuse qui soit bonne pour la santé et le sommeil. J'en profiterai pour indiquer qu'il ne s'agit pas ici de régime (encore que certains soient nécessaires à certains insomniaques), ni de jeûne ou même de diète, de privations.

La diététique n'est pas l'éthique de la diète ; elle ne va pas à l'encontre d'une bonne gastronomie.

a) Nous mangeons trop

Un tiers de l'humanité meurt trop tôt parce qu'il n'a pas assez à manger et un autre tiers, c'est nous, les Occidentaux, meurt trop tôt parce qu'il mange trop.

Comme l'a écrit mon ami l'écrivain bien connu Jean Choisel : « *L'Occident cela veut dire qui s'occit.* » Ce n'est pas l'alimentation qui guérit, c'est l'alimentation qui tue.

Le grand problème de notre alimentation vis-à-vis du sommeil est, quoi manger, mais surtout quoi ne pas manger et quoi manger moins.

Il faut d'abord diminuer la viande, mais surtout le soir car c'est un excitant, donc déconseillée pour le sommeil, et un acidifiant, or le sommeil est aussi un acidifiant (cela ne veut pas dire forcément de la supprimer totalement le soir). Mangez plutôt du poisson, de la volaille et de la viande maigre de boucherie que de la charcuterie.

Il faut aussi diminuer le sucre : on en mange 2 à 3 fois trop car il y en a déjà dans beaucoup de nos aliments sous forme de sucres directs, ou de ce que l'on appelle les sucres indirects ou sucres lents : blé, maïs, riz, pommes de terre, pâtes, semoule, pain, gâteaux, etc., dont l'amidon se transforme par simple hydrolyse en glucose.

Il faudrait plusieurs pages pour traiter, même très rapidement, des dégâts qu'entraîne un tel excès de sucre sur notre santé et notre sommeil à tel point qu'on l'appelle « *un si doux poison* ». Malheureusement on a habitué les enfants à ce goût sucré qui est purement factice mais dont on se passe très vite.

Il ne faut pas croire qu'un tel excès fait les gens forts, sous prétexte que le sucre est l'aliment du muscle ; bien au contraire, pas plus que l'excès de viande ne fait les gens forts.

Cela est d'autant plus vrai que les sucres que l'on emploie n'apportent que ce que l'on appelle des calories vides, c'est-à-dire manquant de sels minéraux, de vitamines et de fibres cellulosiques qui facilitent leur assimilation ; ce qui est important ce n'est pas ce que vous mangez, mais ce que vous assimilez. Il faut donc réduire fortement le sucre.

Il faut aussi supprimer le sel : beaucoup de médecins pensent que si on supprimait l'apport de sel (il y en a déjà dans beaucoup de nos aliments) on supprimerait pratiquement l'hypertension et, de ce fait, beaucoup d'insomnies. Le goût du sel est aussi un goût factice dont on se déshabitue très vite.

Nous sommes donc des surnourris et il faut diminuer la surcharge alimentaire globale car elle est responsable de beaucoup de nos maux, de nos maladies et notamment, ces deux fléaux du siècle : la fatigue et l'insomnie.

b) L'équilibre des repas

Le petit déjeuner du matin est, en France, un repas bâclé par neuf personnes sur dix parce que trop léger et pris trop vite. Il est même quelquefois oublié alors qu'il doit comporter 25 % des calories totales de la journée. De plus, on ne mange pas ce qu'il faudrait.

On reste pratiquement plus de 16 heures sans prendre de nourriture ce qui est beaucoup trop long même en considérant que la dépense de la nuit est plus réduite, d'autant plus que l'on rattrape cela en mangeant trop à midi et le soir.

Alors on passe la moitié de son temps à avoir le ventre trop vide, et la moitié à avoir le ventre trop plein. *« Le petit déjeuner est le repas le plus important de la journée car c'est lui qui détermine l'humeur et le tonus du jour » (La Malbouffe)...* et aussi le sommeil de la nuit suivante.

Le petit déjeuner doit faire face à une longue matinée de travail. Les Anglo-Saxons mangent beaucoup plus le matin et ils ont raison.

Mais attention : éviter les excitants ; le mélange café et lait n'est pas bon.

Le repas du soir (dîner) pèche le plus souvent par un double excès : il est trop copieux et comporte des aliments trop riches. Mais surtout, ne sautez pas le repas du soir sous prétexte de mieux l'alléger car c'est la faim qui vous éveillerait (plus encore qu'un repas trop copieux) par les contractions de votre estomac (sauf si vous êtes entraîné au jeûne). On dit : « *Qui dort dîne.* » En tout cas qui « *ne dîne pas ne dort pas* ».

Il ne faut pas se coucher trop près du repas du soir, même si les repas favorisent une certaine somnolence : deux heures de délai sont normales, mais tout dépend de ce que l'on a mangé.

c) Les aliments favorables au sommeil

Conseillés le soir au dîner (sans excès). Légumes et fruits consommés en salades, potages ou purées sont sources de vitamines et de cellulose indispensable pour un bon transit intestinal.

Les aliments protidiques (pour les hormones du sommeil et du rêve) : laitages, œufs, fromages, viandes maigres, poissons.

De plus, lait, fromage et yaourt (très facilement digéré) apportent le calcium qui a des propriétés sédatives.

La laitue (prise au début du repas) contient un hypnotique naturel sans accoutumance appelé *Lactucarium.*

Mais, en dehors du dîner, on peut dire d'une manière plus générale que les aliments tels que les viandes, les abats, le jaune de l'œuf, la levure, les céréales entières sont sources de vitamine B_6 qui est la vitamine du sommeil (les vitamines B_1, B_2 et B_{12} le favorisent aussi, ainsi que la vitamine A).

Certaines personnes sont arrivées à supprimer leur insomnie en absorbant juste avant de se coucher certains aliments ou boissons ; voici deux pratiques assez courantes en Angleterre :

— Le lait chaud avec un petit peu de sucre (ou mieux de miel) est sédatif. De plus, toute boisson chaude favorise la vasodilatation des vaisseaux qui précède tout endormissement. De même, en Angleterre, on croque une pomme.

— Les tisanes : il y a beaucoup de plantes favorables au sommeil. Chaque plante a son effet déterminé suivant le type d'insomnie. Voici quelques plantes qui vous aideront à vous endormir et à mieux dormir. Elles ont été communiquées par Mme le docteur D. Tallec (élève du célèbre docteur Jean Valnet, phytothérapeute) lors du Congrès du sommeil (Ecole centrale, octobre 1981) :

Passiflore : feuilles et fleurs ; action sédative et antispasmodique. Infusion : 1 cuiller à dessert par tasse, 2 à 3 tasses par jour.

Mélilot (Aspérule) : action antispasmodique et somnifère. Infusion : 1 cuiller à dessert par tasse.

Gattilier : feuilles ; action sédative et soporifique, antispasmodique. 1 cuiller à soupe par tasse, 3 à 4 tasses par jour.

Saule blanc : chatons ou feuilles. Infusion : 1 cuiller à dessert par tasse.

Tilleul : fleurs ; action sédative antispasmodique et anxiolytique. Infusion : 1 pincée par tasse (attention : si vous en mettez trop, le tilleul devient un excitant).

Basilic (Pistou) : huile essentielle : 5 à 6 gouttes sur un sucre : en cas d'insomnie nerveuse lors d'un stress émotif par exemple.

Mélisse (citronnelle) : sommités fleuries, petites fleurs à la base des bourgeons et feuilles ; antispasmodique, calmant des états d'inquiétude. Infusion : 1 cuiller à dessert par tasse.

Fleur d'oranger : action antispasmodique et somnifère, soit l'infusion, soit l'eau de fleurs d'oranger.

Ballote : sommités fleuries. Action antispasmodique. Calme l'anxiété (utilisée contre la neurasthénie) et somnifère. Infusion : 30 g pour 1 litre d'eau, 2 à 3 tasses par jour.

Coquelicot : fleurs ; narcotique léger antispasmodique. Surtout pour les enfants et personnes âgées. Infusion : 1 pincée de fleurs séchées par tasse.

Laitue : feuilles de laitue froide ; action sédative et hypnotique. Centrifuger 60 à 80 grammes.

Nénuphar : fleurs. Action sédative. Décoction de 30 g pour 1 litre d'eau. Faire bouillir 5 minutes.

d) Aliments défavorables au sommeil

Donc à éviter le soir ou à réduire.

La viande en excès, surtout les viandes grasses. Les sucres qui peuvent provoquer des réveils intempestifs. Il faut leur préférer les sucres lents (voir § 1. a).

Eviter aussi les épices, condiments, qui sont des excitants, le sel, les aliments difficiles à digérer (sauces, gibier, fritures, etc.).

Eviter aussi le mélange café et lait qui, pourtant, constitue assez souvent le dîner des personnes âgées.

Il faut également éviter les boissons excitantes (voir plus loin). Il faut boire en petite quantité au repas du soir et après, surtout pour les personnes âgées, car le besoin de vider sa vessie peut réveiller ; mais n'exagérez pas dans le sens inverse car la soif peut aussi réveiller.

L'excès de vitamines C, et aussi de vitamines D (levure de bière), trop près du coucher est à proscrire.

e) Les proportions

Pour obtenir cet équilibre sans être obligé de se lancer dans des calculs complexes, voici deux conseils généraux :

— Manger varié pour éviter des carences, une erreur assez courante étant de manger toujours la même chose par goût ou par facilité.

— Apport équilibré des différents aliments. Pour cela, il faut à chacun des deux grands repas ce que l'on appelle la triade vitale, c'est-à-dire :

— les crudités qui apportent surtout les minéraux, les oligo-éléments, les vitamines ;

— les aliments apportant les protéines que nous avons déjà énumérés ;

— les farineux (déjà énumérés).

Pour donner une idée des proportions, voici extraits d'une thèse de doctorat en médecine, soutenue en 1981 par le docteur Andrée Legris sous l'autorité du docteur A.-F. Creff, grand nutritionniste, intitulée *Diétothérapie de l'insomnie,* et traitant, entre autres, de l'alimentation, des pourcentages respectifs à accorder à chacun des deux repas principaux :
15 % de protéines avec un rapport :

$$\frac{\text{Protéines animales}}{\text{Protéines végétales}} \geq 1$$

30 % de lipides avec un rapport :

$$\frac{\text{Lipides végétaux}}{\text{Lipides totaux}} \geq 2/5$$

55 % de glucides avec un rapport :

$$\frac{\text{Calories des sucres rapides}}{\text{Calories totales}} < 1/10$$

f) La manière dont on mange vaut (presque) mieux que ce que l'on mange

Elle compte autant que la qualité et la quantité.

— **Mangez lentement :** on mange trop vite, surtout les femmes. Un repas pris à toute allure, quel que soit ce que vous absorbez, est presque un poison pour votre organisme et pour votre sommeil.

— **Le repas est une trêve :** la tranquillité du mental est très importante : en Orient on mange avec des baguettes pour qu'il n'y ait rien qui rappelle une arme (qui pique ou qui tranche).

Il faut éviter les repas d'affaires, déjeuners de travail, dîners débats et fuir certains sujets : professionnels, politiques, économiques, financiers (les impôts), et tout ce qui peut aussi occasionner des scènes de ménage. Il faut fuir le bruit, les lumières trop vives et clignotantes, l'agitation.

« Il y en a certains qui ne voient aucun rapport entre la façon de manger, le bruit, la sécrétion des glandes et le désordre qui se produit dedans. Et ils vont dans les pharmacies, chez les docteurs, mais ils continuent à manger de façon déplorable...

« Qu'est-ce que la nourriture ? Tout : tous les éléments, les forces magiques, toute l'alchimie, tout est dedans... préparé avec amour par le Ciel, par le soleil, par toutes les forces de la nature pour nous soutenir, nous maintenir et prolonger la vie... On avale des choses, on ingurgite et on discute... et la nourriture apporte la maladie car elle est « fermée » comme une fleur quand il fait froid... elle devrait être « chauffée » par l'amour, la reconnaissance... » (Mikhael Aivanhov.)

— **La régularité des repas** est importante aussi car les nutriments doivent être apportés aux cellules à des moments précis et au bon moment ; ils entraînent des réactions variables suivant leur heure d'absorption.

Cette régularité est encore plus importante pour les insomniaques. Les personnes vivant seules ne la respectent pas toujours, de même celles qui sont dans « *les affaires* ». Cela perturbe nos horloges biologiques (c'est encore plus vrai si l'on saute un repas).

Or, on sait qu'une désynchronisation des différentes fonctions biologiques dégrade la qualité de notre sommeil, mais il ne faut pas cependant, à l'inverse, être trop esclave d'horaires trop rigides.

g) Les antisommeils

Ce sont les boissons excitantes, dites nervines.

Le café : ce sont des bergers d'Arabie qui l'ont découvert en remarquant que, après avoir brouté les grains du caféier, leurs chèvres gambadaient toute la nuit... au lieu de dormir !

On dit quelquefois en langage populaire : « *Je vais prendre un kawa.* » Ce mot arabe est en réalité d'origine brésilienne et il signifie : « *qui tue le sommeil* ». La caféine qu'il contient réduit en effet la durée totale de sommeil, diminue le sommeil profond, démolit l'équilibre nerveux, les cycles biologiques et crée la fatigue.

Notons qu'il y a de la caféine également dans le thé, le chocolat (cacao), le maté et les boissons à base de cola (à faible dose).

Notons aussi que le café Robusta contient 2 fois et demie plus de caféine que l'Arabica. Naturellement, c'est l'abus de ces boissons qui est mauvais, encore que, moins vous en boirez, meilleur sera votre sommeil.

Tout dépend de votre sensibilité, et aussi de l'heure à laquelle vous les absorbez. Il faut les absorber loin du coucher, et pas après 16 heures. Savez-vous que le chocolat de 16 heures pour les enfants ou le fameux thé de 17 heures si cher aux Anglais sont à éviter, car c'est l'heure où notre organisme commence à élaborer les hormones du sommeil.

Certaines personnes vous disent, et cela paraît contradictoire avec ce qui précède : « *Moi, je ne peux pas m'endormir sans mon café.* » En réalité, elles auraient absorbé n'importe quelle boisson non excitante chaude et sucrée, comme déjà indiqué, cela leur aurait fait le même effet (il y a aussi l'autosuggestion) mais sans les effets secondaires. Car ce dont ces personnes ne se rendent pas compte c'est que la caféine agit « *en différé* » pendant leur sommeil et d'autant plus sournoisement de ce fait, pour le détériorer, même si cela ne les réveille pas.

Mais comment remplacer le café si, dans la journée, on en ressent le besoin ? Nous verrons un peu plus loin qu'il vaut mieux faire une « *pause parking* » plutôt qu'une « *pause café* », mais vous pouvez aussi, entre les « *pauses parking* », faire quelques respirations lentes et profondes (en retenant l'air après avoir inspiré, et en le chassant très à fond après avoir expiré), la fenêtre ouverte.

L'oxygène de l'air, ce fluide vital, paradoxalement, à la fois vous calme et vous regonfle, et cela sans aucune retombée négative.

L'alcool : c'est un neurotonique, un psycho-excitant. Il a tendance à diminuer le temps total de sommeil, et il diminue le sommeil paradoxal (rêve).

Cela dit, répétons-le, c'est l'excès qu'il faut proscrire, l'excès répété surtout à plus forte raison continu, car on peut se permettre des « *escapades* ».

Le vin, par exemple, pris avec modération à table, fait partie des plaisirs de la table et donc des plaisirs de la vie qui, si on n'en abuse pas, entretiennent l'optimisme, la bonne humeur, la gaieté même, facteurs très favorables au sommeil.

Le tabac : ce n'est pas un aliment bien sûr, mais il est nocif pour votre sommeil par les constituants qu'on en absorbe. Il est nocif d'ailleurs aussi pour votre santé en général.

Savez-vous qu'il tue plus que l'alcool et le cancer réunis, et que chaque année l'équivalent d'une ville comme Chartres part « *en fumée* » à cause de lui ?

En fumant, on absorbe des substances toxiques : parce que certaines sont très irritantes, d'autres (l'oxyde de carbone) sont les ennemies de votre sang, la nicotine est un poison, les goudrons sont cancérigènes. Le tabac détruit une partie de la vitamine C (si précieuse) dans le sang, etc.

S'il y a des « *locomotives* » humaines qui dorment à peu près bien, les fumeurs sont en général de piètres dormeurs car le tabac est un excitant. Savez-vous qu'un fumeur est généralement incapable de tenir le rythme alpha qui, vous le savez, est celui qui précède l'endormissement ?

Sans parler du danger, pour tous ces excès, de l'accoutumance et de la dépendance. De plus, il faut penser à l'effet de cumul entre eux de tous ces excitants.

En résumé, il ne s'agit pas d'être *obnubilé* par ce que vous mangez et buvez ; il s'agit seulement d'y faire un peu attention en fonction des conseils qui viennent de vous être donnés.

Il y a à changer un peu ses habitudes, ce qui est très facile si on en a compris l'énorme intérêt pour son sommeil, et de nouvelles habitudes se créent très vite. Dans le domaine du sommeil, toute amélioration est très largement et très rapidement récompensée.

2. L'exercice

Faire de l'exercice, voilà peut-être la plus ancienne « *recette* » pour bien dormir. Nous gardons tous le souvenir de vacances où, grâce au grand air et à une activité physique oubliée, nous dormions très bien.

La dépense physique prédispose au sommeil, car il doit exister un équilibre biologique entre le système musculaire et le système nerveux, et sacrifier le premier au profit du second conduit à l'insomnie. Ceux qui dorment mal, nous dit Marcel Rouet, sont le plus souvent des intellectuels, hommes d'affaires, employés de bureau, femmes qui restent chez elles. Tous ne se dépensent pas assez physiquement, mais sont très actifs psychiquement.

Les insomniaques ont presque tous une musculature très peu développée, très peu entretenue et vivent « *sur leurs nerfs* ». De même si les vieillards dorment moins bien, c'est en partie parce qu'ils réduisent leur activité musculaire.

De plus, l'exercice permet d'éliminer des déchets, et sans cette élimination on ne peut bien dormir. En effet, l'exercice permet de s'essouffler, et ainsi de débloquer la respiration en ouvrant le carcan dans lequel est enserrée notre cage thoracique. Cela améliore l'amplitude de la respiration (nous n'utilisons qu'environ le dixième de notre capacité respiratoire). Or, la respiration, outre qu'elle permet l'absorption de ce fluide vital (l'oxygène) sert aussi à éliminer le gaz carbonique, résidu de la combustion interne (d'où l'intérêt d'expirer plus à fond) et élimine aussi beaucoup d'autres toxines tel par exemple le fameux cholestérol.

De plus, l'exercice provoque une sudation par l'émonctoire des pores de la peau, et permet ainsi l'élimination de déchets.

a) Le stress

Mais il y a un autre énorme intérêt à faire de l'exercice et que souvent l'on oublie de mentionner : c'est de servir d'exutoire au fameux stress. Le sens de ce mot est habituellement mal compris, ainsi que les effets du stress, aussi nous semble-t-il opportun de les préciser.

Le stress est un réflexe vital normal de réaction à un changement, quel qu'il soit (agréable ou désagréable), pour s'adapter à ce changement et y faire face par l'action, le combat ou la fuite. Pour cela il y a libération d'hormones qui, instantanément, modifient le rythme de vie. Par exemple : accélération des pulsions de la pompe cardiaque, augmentation de la ventilation pulmonaire pour favoriser l'oxygénation du sang, réduction du volume des petites artères ce qui, en élevant la tension (pression du sang), améliorera la perfusion du sang pour alimenter le besoin énergétique supplémentaire des muscles. Mais pour prévenir une hémorragie que pourrait provoquer une éventuelle blessure, les hormones déclenchent le mécanisme primaire de la coagulation sanguine, etc.

Mais les conditions habituelles dans lesquelles nous vivons empêchent le corps de se jeter dans l'action pour laquelle il est préparé, et ainsi les effets du stress sont refoulés.

Si le stress est de grande amplitude, ou s'il y a un grand nombre de petits stress, ce qui est constamment le cas dans la vie moderne, alors l'accumulation de ces refoulements aboutit à des désordres dont les conséquences sont : tension élevée, fatigue, insomnie, usure prématurée, etc., et quelques accidents : embolies, infarctus...

Car la vie moderne, non seulement multiplie les stress, mais nous empêche d'en résorber les effets ; or, c'est cela qui est mauvais et non le stress lui-même.

b) Quels exercices ?

Le seul moyen qui nous reste « *d'évacuer* » ces effets, c'est l'exercice. C'est le seul antidote naturel aux effets destructeurs du stress (le stress, réaction vitale de défense, est devenu destructeur par non-résorption).

Les exercices les plus recommandés sont : la marche (très souple), la bicyclette, la natation.

Des expériences réalisées sur des humains et des animaux ont montré que l'exercice améliore notamment la phase du sommeil très profond : il est plus profond et dure plus longtemps, et il améliore aussi l'ensemble du sommeil. Mais attention, il y faut deux conditions :

— Que cet exercice ne soit pas pris trop près du sommeil (à proscrire dans l'heure qui précède) sinon vous pourriez avoir des difficultés d'endormissement, un sommeil agité, moins profond, avec d'éventuels réveils intempestifs.

— Il en est de même si l'exercice aboutit à une fatigue excessive.

C'est dans la journée qu'il faut faire de l'exercice. Nous sommes pour la plupart trop sédentaires (trop assis et trop enfermés).

Entre la position à quatre pattes de l'animal préhominien d'où nous descendons et la position debout qui a conduit à « *l'hominisation* », nous avons inventé et nous abusons d'une position intermédiaire : la position assise. C'est l'homme replié, en accordéon où tous nos muscles s'atrophient.

D'autre part nous vivons dans des boîtes : ce sont nos logements, nos automobiles, nos bureaux et ateliers, nos salles de spectacles, etc. Dans ces boîtes, il n'y a pas assez d'oxygène (quelqu'un a dit que nous y vivions en permanence presque en état de semi-asphyxie) et il n'y a pas assez de ces fameux ions négatifs, si précieux pour notre santé et pour notre sommeil.

On les appelle des « *cages de Faraday* » parce que les ondes et les ions refusent d'y entrer. Alors il faut sortir de nos cages, bouger, faire de la marche, respirer à pleins poumons, absorber des **ions négatifs.** Il y en a plus dans la rue qu'à l'intérieur (car à chaque respiration chacun de nous produit 300 millions d'ions positifs qui détruisent les ions négatifs). Il y en a plus dans les espaces verts que dans la rue. Il y en a plus à la campagne qu'en ville, plus en forêt qu'en rase campagne et plus en altitude (montagne) que dans la plaine.

Donc, dans la journée, sortez prendre l'air plusieurs fois si vous le pouvez, et surtout après les réunions, et surtout aussi si vous travaillez ou logez dans un endroit climatisé (les ions négatifs restent collés aux gaines de distribution qui déversent ainsi des torrents d'ions positifs néfastes à la santé).

Et puis le soir (mais pas dans l'heure qui précède votre coucher) sortez, allez faire une promenade lente. Le soir, il y a moins de pollution, notamment celles du bruit et des gaz d'échappement, et il y a plus d'ions négatifs. Une promenade d'une demi-heure par exemple (mais même de « *dix pas* » dit le proverbe arabe) a une heureuse influence. Adoptez un chien, vous serez obligé de le sortir !

Naturellement, faites aussi du sport avec prudence et modérément à partir d'un certain âge et progressivement si vous n'en avez plus fait depuis longtemps.

Mais s'il faut savoir bouger, il faut aussi savoir s'arrêter.

3. La « pause parking » (Mme J. Bouton)

Nous imposons à notre cerveau un rythme infernal (rappelez-vous : le rythme bêta de l'éveil actif est de 30 oscillations/seconde). Il ne peut pas soutenir constamment en continu ce rythme endiablé et il a, de temps en temps, un besoin impérieux de ralentir et de descendre en alpha (10 par seconde). Ce besoin pressant se manifeste, à intervalles réguliers, qui correspondent à votre cycle que la clef n° 2 vous a appris à déterminer (durée et heures de passage).

Ce même cycle existe aussi dans la journée. D'ailleurs les psychologues nous apprennent maintenant que pour un bon équilibre, dans la journée comme la nuit, nous devrions rêver toutes les deux heures environ (ou durée de votre propre cycle), c'est-à-dire décrocher de la réalité. D'ailleurs, nous le faisons inconsciemment, mais il faut le favoriser consciemment.

Eh bien, vous devez donc aussi laisser ralentir votre cerveau plusieurs fois par jour mais pas n'importe quand ! Il faut repérer les moments où il nous envoie des messages (voir clef n° 2), ceux où la lampe rouge s'allume pour nous dire : « *Je veux faire ma coupure en alpha.* »

Généralement (quand on s'en aperçoit), on traduit cela de manière erronée : « *Tiens, j'ai un coup de pompe, je suis fatigué, il faut que j'aille prendre l'air, que je marche un peu.* » Ou bien : « *J'ai besoin d'un café, d'un coup de blanc, d'une cigarette, etc.* »

Et alors, on donne un coup d'accélérateur à son cerveau au lieu de le laisser freiner : vous voyez l'erreur.

Ce n'est pas « *la pause café* » dont on a besoin, c'est « *la pause parking* », c'est-à-dire : d'abord fermer les yeux, il n'y a pas de coupure véritable (dixit Mme J. Bouton) sans fermeture des yeux. Rester immobile et, pour cela, s'asseoir ou mieux s'allonger, puis se laisser aller en dérive mentale (et non pas essayer de faire le vide comme on l'entend souvent) durant quelques minutes seulement.

Pratiquez cette « *pause parking* », c'est presque miraculeux. Vous deviendrez presque hors de portée de la fatigue et de l'insomnie.

Pour faire comprendre comment une si petite chose peut avoir de si grands effets, nous allons prendre la comparaison suivante : imaginez un ressort à boudins que vous tendez puis, sans le détendre, vous le tendez encore, puis sans le détendre, vous le tendez encore, et ainsi de suite. Que va-t-il arriver : à un certain moment, la matière de ce ressort va se « *fatiguer* », vous pouvez même, si vous dépassez la « *limite élastique* », faire en sorte que le ressort ne puisse plus se détendre, et vous pouvez même arriver à casser le ressort. Eh bien, c'est ainsi que nous traitons notre organisme si nous ne le détendons pas dans la journée !

Le bruit et l'inconfort n'empêchent pas cet ouvrier de faire la « pause parking »... il sait se relaxer.

Si au contraire, vous détendez le ressort avant de le retendre, il ne « *fatiguera* » jamais. Il en est de même pour notre organisme.

Il faut bien comprendre qu'il ne s'agit pas, par cette détente, de récupérer de la fatigue : c'est beaucoup mieux que cela, on évite qu'elle se produise.

De plus, vous aurez le soir venu un bien meilleur sommeil, car c'est surtout la fatigue nerveuse excessive qui crée le mauvais endormissement et le mauvais sommeil. En dormant mieux, vous récupérez mieux votre énergie et, le lendemain, ayant mieux dormi, vous en dépenserez beaucoup moins (25 % de moins). Tous ces efforts bénéfiques se cumulent.

Ajoutons aussi que pour avoir une meilleure pause parking vous devez vous isoler du bruit et de la lumière, et ainsi non seulement votre cerveau pourra mieux ralentir, mais vous le mettrez mieux encore à l'abri du véritable bombardement d'informations qu'il subit à longueur de temps dans la journée (répétons-le, pour chaque cellule de votre cortex cérébral 20 000 informations par seconde dont 90 % par les yeux).

Cette pause parking peut être pratiquée quand on veut, mais si on la pratique lorsque notre cerveau nous la réclame elle est plus efficace car ainsi, non seulement il n'y a pas cette dépense nécessaire pour la contrarier, mais on descend tout de suite sans effort en rythme alpha.

C'est théoriquement à chaque cycle que l'on doit se mettre en « *pause parking* » pendant quelques minutes, mais ce n'est pas toujours possible.

Par contre, il faut la pratiquer au minimum tous les deux cycles, c'est-à-dire toutes les 3 ou 4 heures (suivant la longueur de votre propre cycle).

CHAPITRE X

Renaître au sommeil

1. Le sommeil et l'éveil

Toutes les clefs précédentes sont très utiles, sont même nécessaires. Mais il faut y ajouter celle-ci qui les complète, les englobe, les « *transcende* ».

A elle seule, cette **septième clef** mériterait un livre entier et même plusieurs. C'est vous dire que nous serons obligé de nous limiter à une approche qui vous ouvrira cependant, nous l'espérons, une porte vers un autre royaume que nous tenterons d'éclairer un instant. Ce sera à vous-même d'aller plus loin pour y pénétrer et y demeurer. Il est celui qui donne accès au bon sommeil ; il est aussi celui de « *l'éveil* » au sens oriental de ce terme.

Si l'on essaye d'aller au-delà des apparences et des explications partielles et superficielles, on s'aperçoit que l'on peut trouver la cause quasi unique, la racine commune de toutes nos insomnies (sauf celles d'origine purement organique).

Bien qu'il faille pour cette clef, ici et maintenant, parler un autre langage que celui de la pure logique fermée sur elle-même, et aller au-delà de ce que peut nous révéler notre seul intellect, nous allons d'abord essayer d'analyser ce qui est et ce qui devrait être.

Pour que le sommeil survienne, il faudrait la sérénité intérieure et l'humain vit en permanence dans le conflit. Il faudrait la sécurité et il vit dans la peur.

L'état de sommeil est un état hors du temps, une dimension intemporelle, et l'humain ne sait plus que vivre dans la durée.

L'état de sommeil est la plongée à l'intérieur de soi-même, là où l'humain ne s'aventure plus guère dans la journée, car le sommeil est un voyage à la rencontre de son moi profond, essentiel. Mais l'humain vit à la surface de lui-même par ses sens qui, pour dormir, doivent se couper. Il vit aussi par son cortex cérébral (croûte du cerveau) qu'il a hypertrophié, dont il a exagéré l'importance, qui le domine et dont parfois il perd le contrôle. On le sait bien, par exemple, le soir quand on « *veut* » s'endormir.

Et cet intellect a créé ce moi factice, de représentation, de relation, qu'il a également hypertrophié et auquel il tient tant. Or, ce moi est celui qui doit d'abord se dissoudre pour être en état de sommeil.

L'état de sommeil est un état d'immobilité, alors que l'humain vit constamment pendant l'éveil dans l'agitation physique, comme il vit, dans celle de son mental. Alors comment s'étonner que l'humain, le soir venu, ait si souvent tant de mal à trouver et à conserver cet état dont il vit si éloigné, si étranger dans la journée ?

Il ne s'agit pas, bien sûr, dans la journée d'être dans un état de sous-éveil et de vie ralentie, et c'est même l'inverse puisque nous avons dit qu'il fallait *« être mieux endormi la nuit pour être mieux éveillé le jour »*.

Il s'agit d'autre chose et au contraire d'une vie d'une plus grande plénitude et d'un éveil de sa conscience.

« La vie n'est pas faite ni pour courir, ni même pour penser, elle est seulement faite pour être vécue. » (Jean Charron.) La véritable action ne se situe pas dans le faire au sens habituel de ce terme, mais dans le « voir ».

2. Voir clair en nous-même

Notre propos ne consiste pas ici à vous enseigner quelque chose, car nous resterions alors dans le domaine de l'intellect pur dont il nous faut justement nous délivrer.

Il ne s'agit pas d'apprendre quelque chose ni même de comprendre. Le travers que nous avons tous, nous Occidentaux, c'est de vouloir toujours que l'on nous explique, que l'on nous démontre, que l'on nous convainque par des raisonnements, des arguments, et nous restons toujours dans ce que le Bouddha appelle « *la jungle des opinions* ».

Il s'agit au contraire d'abandonner tout cela pour aller bien au-delà, car accumuler du savoir et regarder en soi-même sont deux choses totalement différentes.

Voir quoi ? Certes l'homme a acquis la puissance : grâce au développement de son cerveau, il a réussi à dominer sa planète et même, alors qu'il n'était, physiquement, qu'un animal très moyen, à dominer tous les autres animaux (sauf lui-même). Mais cette puissance est aussi celle de se détruire lui-même, et en même temps ce qui existe à la surface de sa planète.

Par le développement des sciences et des techniques, il a réussi à améliorer considérablement son confort matériel, mais il n'a pas acquis la sagesse, ni le bon sommeil et n'a pas progressé dans le domaine de la conscience.

Par l'hypertrophie de son intellect, l'homme s'est enfermé, empêtré dans toutes ses constructions mentales, dans tous les échafaudages mentaux compliqués qu'il a édifiés : élucubrations, doctrines, systèmes, théories, principes, disciplines, croyances, légendes, mythes, fantasmes, idéologies de toutes sortes, toutes les traditions, rites, dogmes, usages, contraintes, interdits, tabous, etc. Peu importe d'ailleurs les noms qu'on leur donne, qui ne sont en réalité que des fictions, des conventions, des conditionnements.

Certes, il ne s'agit pas de tout rejeter en bloc et une partie a son utilité, à condition de la mettre à sa vraie place, de s'en servir seulement au bon moment, et non pas d'en être esclave, et que notre vie intérieure n'en soit pas constamment envahie, étouffée même.

Ce sont en fait toutes ces « *ruminations mentales* » qui ont créé pour les humains toutes les limitations, les barrières, les divisions, c'est-à-dire les conflits, les oppositions, les dualités.

L'humain vit en état de conflit avec lui-même d'abord et il n'arrive pas à résoudre ses contradictions internes ; il est aussi en opposition avec les autres vivants, et même avec l'ensemble de la nature dont il croit pouvoir ignorer ou violer les lois fondamentales. Il vit dans la dualité, et même l'antagonisme, qui sont le contraire de l'harmonie et de la paix.

3. Etre dans l'intemporel

« Le temps, cette image mobile de l'immobile éternité. »
« Fantastique et inconcevable pour notre mentalité est la théorie de l'Eternel Présent. » (André Dumas.)

L'humain s'est laissé aussi envahir par le temps et il vit uniquement dans la durée, le continu, le linéaire. De ce fait, il est toujours dans le regret, l'attente, la recherche, et même à la poursuite de quelque chose.

Il se projette soit dans le passé pour essayer de revivre ce qu'il a vécu, qui est mort et qu'il essaye de ressusciter, soit dans l'avenir (on devrait écrire l'à venir) et qui n'existe pas, sauf dans son imagination.

Or, s'il veut bien le voir, c'est encore son mental qui crée le temps, le temps psychologique, qui n'est que l'intervalle qui sépare deux événements reliés entre eux par la mémoire ou l'imagination.

C'est pour cela, par exemple, que le temps paraît plus ou moins long suivant que les événements vécus sont agréables ou désagréables. S'il n'y avait les horloges et la rotation de la terre pour le découper en tranches, nous n'aurions pas la même notion du temps. D'ailleurs les enfants, les animaux, les peuples dits *« primitifs »*, les Orientaux n'ont pas du tout du temps la même notion que nous.

Certes, tenir compte du temps, vivre avec le temps et *« avec son temps »* est absolument nécessaire dans la vie de relation et dans les affaires, et pour le quotidien. Mais qu'en est-il pour notre vie intérieure ?

Il n'y a plus que cela qui compte : le temps, pour notre vie de l'éveil et pour notre sommeil. On veut absolument s'endormir vite (mais ce n'est pas un acte volontaire) car on est toujours pressé, et on attache trop d'importance à la durée de son sommeil le faisant ainsi fuir.

L'humain hésite à plonger dans le *« non-temps »* du sommeil qui, pour lui, est du temps perdu. Il est toujours dans le déjà vécu ou le devenir, mais jamais plus dans le vécu du présent. Il est toujours ailleurs dans le temps et dans l'espace : il ne vit plus ici et maintenant comme nous le demande le Bouddha. Il n'est jamais plus *« présent à son présent »* (Lanza del Vasto).

Le présent n'est plus pour lui qu'une sorte de barrière infinitésimale entre le passé et le futur, au lieu d'un éternel présent qui se renouvelle sans cesse comme le conçoivent les Orientaux. Et je vous demande de « *voir* » qu'il ne s'agit pas là de dialectique mais de quelque chose au contraire de fondamental, pour vous permettre de vivre l'instant sans durée, l'intemporel, cette vie éternelle dont toutes les grandes lumières de ce monde nous ont parlé, y compris le Christ, dont il ne nous a jamais dit que c'était seulement dans l'au-delà que nous devions la trouver.

Cette vie éternelle qui n'est pas quelque chose qui se répète et se répète et dure indéfiniment, mais qui est une vie « *hors du temps* ».

Mais il n'est pas facile de faire comprendre à la plupart des Occidentaux qu'il y a un univers hors du temps qui nous est accessible, comme il y a un univers au-delà de la pensée. Pascal n'a-t-il pas affirmé : « *Je pense donc je suis* », ce qui, en corollaire, veut dire : si je ne pense pas, je ne suis pas.

4. Nous restons à la surface du lac

C'est également par l'hypertrophie de son intellect que l'humain vit de manière très superficielle, à la surface de lui-même. Attiré par toutes les sollicitations de la vie moderne comme un papillon par la lumière, l'humain ne regarde jamais plus, ne va jamais plus au-dedans de lui-même.

Sa vie se limite à celle des sens qui sont chargés d'assurer la liaison avec le monde extérieur en lui apportant des informations. Tel est le but de la vue, l'ouïe, l'odorat, le toucher, le goût.

De même l'humain est devenu une machine à penser car il se limite à l'usage de son cortex cérébral, son intellect, à « *l'intelligence, cette petite chose à la surface de nous-même* », a dit Jules Saury.

L'on ne va jamais plus au-delà du sensible et de l'intelligible qui ne concerne pourtant que l'apparence, l'enveloppe, l'envers des choses (sensible dans le sens de sensation ou de sensiblerie et non pas la vraie sensibilité que nous avons malheureusement presque perdue). De même que, lorsque nous nous regardons dans une glace, nous ne voyons de nous-même que notre contour de matière, c'est-à-dire une infime partie, une pellicule, et même l'envers de nous-même, c'est aussi seulement ce que les autres connaissent de nous-même et que nous connaissons d'eux. Notre intellect ne nous permet de voir que l'envers de l'univers, l'envers de ce grand endroit dont parlent maintenant tous les grands savants du monde.

Les Orientaux disent que nous « *restons à la surface du lac* », là où il y a les intempéries, là où souffle la tempête, où il y a les vagues et où viennent émerger nos « *vrittis* », comme viennent crever des bulles à la surface.

Où est la liberté, l'harmonie, la sérénité, si nécessaire au sommeil, dans tout cela, pour cet humain qui a forgé lui-même les fers qu'il traîne aux pieds, qui a lui-même bâti les murs de sa propre prison, même s'il a réussi un peu à en décorer les murs ; cet humain qui s'est piégé lui-même comme dans une sorte d'immense toile d'araignée dont il n'arrive pas, le soir venu, à se dépêtrer, et dont il n'arrive pas, même dans le sommeil, à se délivrer complètement.

5. La grande délivrance

« *Le silence de la montagne est encore plus beau lorsque les oiseaux se sont tus.* »

« *Le silence est supérieur à l'éloquence.* » (Taisen Deshimaru - *Za-Zen.*)

Pour être dans cet état de grande délivrance, il faut une prise de conscience, et c'est cela le plus important pour notre sommeil (comme pour l'ensemble de notre vie). C'est le seul moyen de « *s'en sortir* » et de briser tous les mécanismes ou plutôt de s'en délivrer. Peu importe d'ailleurs presque, les mécanismes qui agissent en nous, pourvu que nous en soyons conscient, afin de ne pas en être dupe.

S'il y a cet « *éveil* » de la conscience, alors vous verrez qu'il y a aussitôt un lâcher prise total de tout ce qui nous limite, nous divise et nous encombre et qui, répétons-le, n'a aucune existence réelle que celle que notre mental lui attribue. Aussitôt les problèmes, les valeurs fictives de la société, les conflits et la souffrance même se volatilisent et surtout on n'en recrée pas d'autres.

« *Tout ce à quoi nous attachions une si grande importance s'amenuise jusqu'à l'anéantissement, les images s'effacent, la plupart des soucis prennent des proportions ridicules, puis s'évanouissent.* » *(Livre du*

Tao.) Vous verrez alors que surgit quelque chose d'entièrement nouveau, une nouvelle dimension de l'être, « *la dimension perdue* » de Goethe, un univers sans limite que les hindous appellent Ananda, ou encore l'état de Brahmane ; c'est le Satori du zen japonais, ou le Samadhi des yogis, ou encore le Royaume du Christ ou l'état de Bouddha (Bouddha veut dire en sanscrit « *l'éveillé* »), ou le Nirvâna (atteint lorsque cessent toutes nos constructions mentales), ou tout simplement l'état de lumière intérieure dont parle Krishnamurti. Peu importe d'ailleurs le nom qu'on lui donne.

C'est un état de silence intérieur, à commencer, bien sûr, par celui de la pensée, un état de transparence, de vacuité, qui n'est pas du tout l'état du néant que lui attribue le sens commun occidental, mais au contraire un état de disponibilité, de réceptivité, de vécu total.

« *Les vases sont faits d'argile, mais c'est grâce à leur vide que l'on peut s'en servir. Une maison est faite de murs mais c'est son vide que l'on habite et ce sont aussi ses fenêtres qui la rendent habitable.* » (Livre du Tao.) Vider notre mental de ses constructions débloque un extraordinaire espace intérieur. Mais attention aussi à ne pas tomber dans un autre piège : vouloir atteindre une sorte d'état supérieur chimérique, de transcendance que l'on croit être celui de l'Esprit, et la poursuite recommence.

La spiritualité, c'est cet état de clarté intérieure, c'est être attentif à ce qui se passe en nous pour ne pas en être dépendant ; il y a alors un éveil, celui de la conscience.

Et cette vie de l'esprit n'est pas dépendante, contingente ; ce n'est plus cet état purement réactionnel dans lequel nous vivons en permanence et qui engendre le conflit. On devient hors d'atteinte des circonstances et des péripéties de la vie.

Avec l'éveil de la conscience, on est au-delà car c'est le drame de l'humain d'avoir juste assez de conscience pour que les conflits existent, mais pas assez pour les transcender. De la même manière que la plupart ont assez d'intelligence pour se rendre compte que tout n'est pas simple, et en percevoir les complications, mais pas assez pour les résoudre.

Bien qu'il n'y ait rien à faire, au sens habituel de ce mot, mais seulement, répétons-le, à voir, et bien qu'il n'y ait pas vraiment de chemin qui mène à l'éveil, car il doit survenir dans l'instant où l'on voit, on peut dire cependant qu'il y a une condition préalable : il faut retrouver notre vie intérieure et même notre voix intérieure. « *Ecoute le silence en toi.* »

Alors que l'on parle actuellement constamment de problèmes de communication, en réalité la plus importante, celle avec nous-même, a été coupée ; on parle de « *relations humaines* » auxquelles, avec juste raison, on attache beaucoup d'importance, mais on n'est même plus en relation avec soi-même.

Alors, il faut absolument retrouver ce sens profond de l'existence et prendre le temps de cette écoute intérieure. Les Japonais disent : « *Assieds-toi et regarde l'herbe pousser* », et les Chinois appellent cela « *rentrer chez soi* ». Mais l'on n'a appris qu'à faire et l'on ne sait plus « *être* ».

Bien sûr on trouve toujours une multitude de faux-fuyants et notre intellect, qui est malin, déploie une très grande ingéniosité pour se trouver des raisons, des prétextes, des alibis : on a toujours quelque chose de mieux, de plus important, de plus urgent à faire, croit-on.

L'éveil ne peut être sans d'abord cette présence à soi-même et, aussi paradoxal que cela puisse paraître, le sommeil non plus, car le sommeil est justement cet état de transparence, de silence intérieur.

Mais ce n'est pas votre intellect qui peut vous apporter cela, et c'est pourquoi tout ce que nous avons pu vous apporter par les règles précédentes doit être complété par cette révolution intérieure que vous devez accomplir en vous-même.

6. La révolution intérieure, celle du silence

C'est la « *révolution du silence* » de Krishnamurti ; c'est elle qui vous apportera la solution.

Si vous vivez pendant le jour, si vous êtes, le soir venu, dans cet état de clarté, de transparence intérieure, vous ne pouvez plus être dans un état de tension nerveuse, de contraction musculaire qui sont le résultat de l'état de conflit. Vous n'êtes plus tracassé, hanté, submergé par vos problèmes, car vous ne savez peut-être pas mieux que les autres les résoudre, mais vous êtes capable de les dissoudre.

Entendons-nous bien : il ne s'agit pas d'essayer de les escamoter, de les camoufler, ou de les atténuer par une sorte d'autosuggestion. Il ne s'agit pas de nier leur existence, de faire semblant de les ignorer ou de les oublier par quelque artifice. Il s'agit d'aller à la source même de nos problèmes, d'aller au-delà et de s'apercevoir, grâce à la clarté intérieure, qu'en réalité c'est nous qui les avons presque tous fabriqués, qui les avons sécrétés en nous-même.

Et alors, tout ce bouillonnement intérieur de peurs, de fausses émotions, de sensations factices qui sont tellement contraires au sommeil n'existent plus. Vous n'êtes plus envahi par votre intellect auquel vous n'avez donné que la juste place, plus à la poursuite de quelque chose et en particulier de sommeil ce qui, nous le savons bien, le fait fuir.

L'insomnie, nous dit-on, résulte d'un conflit entre notre inconscient (cette grande voix intérieure des profondeurs) et notre conscient, entre le Soi et le Moi, mais ce conflit a cessé.

En schématisant un peu, il y a deux sortes de personnes qui dorment bien :

— le criminel par exemple, comme tous ceux qui n'ont plus de voix intérieure ;

— l'éveillé, celui qui vit dans la journée en pleine conscience et en harmonie avec la totalité de lui-même.

Et puis, il y a tous ceux qui ne vivent pas dans une telle harmonie, et qui n'ont pas ce que l'on a appelé : « *le sommeil du juste* », ce mot « juste » n'ayant pas ici le sens habituel, mais celui qui a d'abord suivi « *la voie juste* » des Orientaux.

Peut-être cette approche, par la transparence intérieure, paraîtra-t-elle à certains un peu « *négative* », mais n'est-ce pas la solution dans cette civilisation de l'excès et de la surabondance, car nous avons trop de tout :

— trop d'informations dont nos sens sont bombardés,
— trop de sensations, trop de nourriture,
— trop de pensées, trop de mémoire,
— trop de projets, trop de problèmes,
— trop de travail et trop, peut-être aussi, de loisirs.

Nous « *suremployons notre futur* » et sommes phagocytés par ce tourbillon incessant et implacable, constamment pris par mille occupations, mille préoccupations, mille distractions et n'avons plus le temps de vivre ni même de dormir.

Le sommeil est devenu un état parasite, un sous-état qu'il faut éviter alors qu'il est au contraire, dans le sommeil profond, un état de « *pure conscience* ».

C'est pourquoi cette clef est **la solution définitive**, et donc très positive pour votre sommeil et pour tout le reste de votre vie, ne serait-ce que parce que renaître au sommeil c'est aussi renaître à la vie.

CONCLUSION

Et maintenant...

Rappelons qu'en cas de problème de sommeil d'une certaine importance ou d'une certaine durée, vous devez d'abord consulter un médecin, ne serait-ce que pour vérifier qu'il n'y a pas, par exemple, une cause organique à votre insomnie et la faire disparaître.

Mais en même temps, et surtout après, ne vous en tenez pas au traitement habituel et réapprenez à dormir, car il faut que le verbe Dormir ne soit plus jamais pour vous un verbe irréfléchi.

Faute de la sagesse instinctive oubliée mais non pas perdue, il faut la sagesse apprise ou mieux encore : réapprendre à redevenir instinctif.

Le bon sommeil est accessible à tous. Il suffit d'un peu d'attention et il faut simplement « *réapprendre à se servir de soi* » (C. Péguy - *Poème d'Eve* : la résurrection des morts).

Si l'humain daignait accorder à son sommeil « *le millième* » des soucis et de l'attention qu'il accorde à son travail ou à son logement, ses problèmes de sommeil, sauf cas particuliers, seraient résolus ; il retrouverait, avec le chemin du bon sommeil, le « *chemin de l'Eden* » et tout le reste, ou presque, lui serait donné « *de surcroît* ». Mais l'humain ne le sait pas et, de plus, ne fait pas assez confiance à son sommeil.

On parle souvent maintenant de « *changer de vie* » et on travaille et lutte beaucoup pour cela. On peut y parvenir déjà en changeant son sommeil. Puisse ce livre vous en redonner le goût et le moyen, et vous permettre de voir plus clair dans ce royaume des ténèbres.

C'est d'abord une affaire individuelle mais c'est aussi l'affaire de tous, une affaire collective ; ce livre s'adresse à tous, quels que soient leur âge et leur sommeil, mais il s'adresse aussi aux responsables de la Santé, de l'Information, de l'Education.

Il est grand temps pour tous « *d'ouvrir les yeux* » et de nous « *réveiller* » face à ce fléau du siècle qu'est l'insomnie, et de mettre le sommeil à « *l'ordre du jour* ». L'amélioration du sommeil doit être déclarée prioritaire et d'utilité publique :

— Dans le domaine de la santé par exemple, ne pas attendre que les choses continuent de s'aggraver pour faire, plus que dans tout autre domaine du préventif, et aussi réagir contre les abus chimiques.

— Il faut, par exemple, utiliser les moyens audiovisuels et les médias pour montrer l'importance du bon sommeil et les moyens simples de le retrouver.

— Il faut surtout faire entrer dans les mœurs l'enseignement du sommeil, comme on l'a fait pour la diététique : d'abord dans le corps enseignant, et même auprès de tous ceux qui sont en contact avec des enfants (c'est le rôle de Mme J. Bouton et elle a déjà commencé dans ce domaine une « *révolution* » pacifique très bénéfique) pour éviter que l'on continue à leur démolir leur sommeil et à en faire ainsi de futurs insomniaques. Mais il faut aller plus loin, avoir une action plus positive et plus complète, et enseigner le sommeil à tous les niveaux : le primaire, le secondaire, l'enseignement supérieur, facultés, grandes écoles.

Par exemple, personne ne devrait sortir d'une grande école sans avoir appris à dormir : c'est tellement essentiel, ne serait-ce que pour son métier, quel qu'il soit.

Et puis, comme il n'est jamais trop tard dans ce domaine du sommeil, il faut pour les adultes (ou qui se croient tels) créer des « *Ecoles du sommeil* ». Cela fait partie du « *savoir vivre* » (mais pas au sens superficiel de ce terme), que devraient, dans un cadre plus large, nous enseigner des « *écoles de la vie* » qui restent à créer, car nos écoles existantes nous enseignent tout ce qu'il faut pour notre métier ; mais nous enseignent-elles à être des humains au sens le plus complet de ce terme, et à réussir vraiment notre vie dans sa plénitude ?

Nous l'avons déjà écrit dans ce livre, nous apprenons « *à faire, pas à être* ».

Pour terminer sur une note d'humour, nous espérons que grâce à ce livre, vos dernières paroles ne pourront plus être celles d'Alfred de Musset, grand insomniaque, qui a dit, juste avant de mourir : « *Enfin, je vais pouvoir dormir.* »

Alors notre mot de la fin (et c'est bien le cas de le dire) sera : « *Je vous en prie, n'attendez pas la tombe pour bien dormir.* »

Mais, comme il faut aussi dans cet univers tellement rationaliste et matérialiste, non seulement un grain de fantaisie, mais aussi un brin ou « *deux sous* » de poésie, lorsque vous en serez arrivé, le plus tard possible, grâce à votre bon sommeil, au sommeil éternel, alors peut-être pourrez-vous faire vôtre cette épitaphe que le grand poète Rainer Maria Rilke a fait mettre sur sa tombe, perdue dans le Valais, où il dort et peut-être où il rêve pour toujours : « *Volupté de n'être le sommeil de personne sous tant de paupières.* »

Bibliographie

Alexandre, Rémi : *Votre lit est-il à la bonne place ?* (Éditions KA).
Bouton, Jeannette : *Bons et mauvais dormeurs* (Gamma), *Réapprendre à dormir* (E.S.F.).
Dement, William C. : *Dormir, rêver* (Le Seuil).
Dhiravamsa, V.-R. : *La Voie du non-attachement* (Éditions Dangles).
Frydman, Daniel (Dr) : *Et vous trouverez le sommeil* (Éditions Encre).
La Maya, Jacques : *La Médecine de l'habitat* (Éditions Dangles).
Passebecq, André (Dr) : *Votre santé par la diététique et l'alimentation saine* (Éditions Dangles).
Pélicier, Yves (Dr) : *Insomnuits* (Éditions Économica).
Rajneesh, Bhagwan Shree : *L'Éveil à la conscience cosmique* (Éditions Dangles).
Rouet, Marcel : *Relaxation psychosomatique* (Éditions Dangles).
Rosnay (de), Stella et Joël : *La Malbouffe* (Olivier Orban).
Schuller, Edmond (Dr) : *Les Insomnies et le sommeil* (Robert Laffont).

Table des matières

L'impression de ce livre
a été réalisée sur les presses
de l'Imprimerie CLERC
18200 SAINT-AMAND
pour le compte des ÉDITIONS DANGLES

18, rue Lavoisier - 45800 ST-JEAN-DE-BRAYE

Dépôt légal Éditeur n° 1017 - Avril 1984 - Imprimeur n° 2885

Dans la même collection :

Thierry LOUSSOUARN

(professeur de yoga) :

initiation au yoga

Retrouvez, chez vous, harmonie, détente et bien-être - 7 séances de yoga, complètes, simples et progressives, s'adressant à tous.

Format 13,5 × 18 ; 160 pages ; abondamment illustré ; 18e mille.

Le yoga, association de mouvements au ralenti, de postures, de relaxation profonde, de respiration équilibrée et contrôlée et de méditation, constitue un **antidote efficace à notre vie moderne de tensions, fatigues, nervosité et stress.** Il est avant tout une **discipline non violente,** qui vous permettra de :
— retrouver l'élasticité de vos muscles et articulations, facteur de jeunesse et de bien-être ;
— détendre, relaxer et tonifier corps et système nerveux, préserver votre énergie ;
— acquérir un équilibre physique et mental, vous sentir mieux dans votre corps ;
— découvrir le calme intérieur, la paix de l'âme, vous ouvrir aux autres et à la vie ;
— être en parfaite harmonie avec votre corps, votre cœur et votre esprit...

Tout cela vous est rendu possible grâce à ce guide d'initiation au yoga, **véritablement adapté aux débutants de tout âge et de toute condition physique.**

L'auteur, professeur de yoga, vous décrit ici minutieusement 7 séances complètes de yoga, simples, efficaces, progressives et sans danger. Vous pouvez les exécuter chez vous, en toute liberté, à votre rythme et d'une manière progressive. Elles ne demandent aucune connaissance ni aptitude particulières, mais simplement le désir de vivre enfin un bien-être global grâce à des moyens simples, pratiques et efficaces.

Vous sentirez alors rapidement s'épanouir en vous — et autour de vous — ce sentiment profond d'équilibre corps/esprit, source d'harmonie et de santé, de paix... et d'amour.

Dans la même collection :

R.-G. Louis de BROUWER

l'art de rester jeune

Halte au vieillissement du corps et de l'esprit grâce aux méthodes naturelles.

Format 13,5 × 18 ; 160 pages ; 13e mille.

Ce livre n'est pas un recueil de « recettes miracles » pour assurer une longévité parfaite ; il n'en existe d'ailleurs pas. Par contre, il nous amène à une **réflexion profonde** sur la manière de conduire notre existence, notre hygiène de vie, nos erreurs, et nous incite vigoureusement à nous tourner vers les **méthodes naturelles de santé, ni mutilantes, ni agressives.**
L'organisme humain est une mécanique de très haute précision et, comme toute mécanique, il y a lieu de l'entretenir et de le ménager afin qu'il fonctionne parfaitement, le plus longtemps possible.
En vérité, pour vivre longtemps et en bonne santé physique et mentale, il faut :
— Vivre sainement, éviter les pollutions, les stress...
— Manger « juste » : aliments de qualité, respect des règles de diététique.
— Faire le moins souvent possible appel à la médecine allopathique (sauf en cas d'urgence), mais s'orienter vers les thérapeutiques naturelles et le respect des grandes lois de l'hygiénisme.
— Savoir user de son corps sans en abuser.
— Exercer un travail librement choisi, pour lequel on est capable de s'enthousiasmer ; savoir se distraire, conserver un esprit curieux et attentif à tout (nature et êtres humains) ; cultiver un violon d'Ingres, rester passionné et jeune d'esprit.
— Eviter, autant que possible, toutes les contraintes artificiellement créées par notre forme de société.
— Donner un but profond et altruiste à notre existence, acquérir certaines vertus telles que la tolérance, la charité, l'amour de son prochain...
Tout ceci semble malheureusement bien difficile à réaliser dans notre société de consommation et de gaspillage... et pourtant ! Les nombreux conseils pratiques contenus dans cet ouvrage vous aideront à mieux supporter le poids des ans et, pourquoi pas ? à devenir centenaire.

Dans la même collection :

Gérard EDDE :

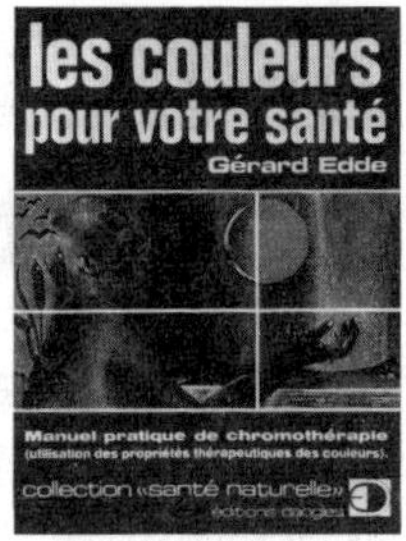

les couleurs pour votre santé

Manuel pratique de chromothérapie (utilisation des propriétés thérapeutiques des couleurs).

Format 13,5 × 18 ; 144 pages ; illustré ; 24e mille.

Ce livre pratique présente, pour la première fois en langue française, les **méthodes de santé et de soins à l'aide des couleurs.** Bien qu'utilisée depuis des milliers d'années dans les médecines indiennes (médecine ayur-védique), chinoises, tibétaines et égyptiennes, la CHROMOTHERAPIE est encore peu connue en Europe et peut se révéler une méthode révolutionnaire. Elle s'appuie sur la théorie — redécouverte par Einstein — que **l'énergie et la matière sont en étroite relation,** et sur le principe millénaire que **toute thérapeutique doit agir de façon à harmoniser le mental et le physique.**
Outre-Atlantique, certains chercheurs et praticiens obtiennent des résultats remarquables en suivant les traces des docteurs Abrahms, Mac Naughton et Dinsha.
La vie, nous le savons maintenant, **est énergie et vibrations.** Les couleurs constituent une échelle sensible et élevée de ces vibrations ; elles modifient et influencent profondément nos énergies vitales et nos émotions. Il n'est donc pas surprenant qu'elles puissent trouver une **application thérapeutique importante.**
Ce manuel pratique vous montrera l'efficacité de la chromothérapie qui reste néanmoins d'**application aisée, sans matériel coûteux.** Il vous indiquera comment vous traiter — chez vous — par les lampes colorées (que vous pourrez construire vous-même), comment bénéficier des effets des couleurs au travers de votre habillement, de votre alimentation, comment les utiliser en relaxation, comment actionner vos centres d'énergie (chakras) pour vous vitaliser ou vous détendre, comment déceler et prévenir nombre de troubles de santé par les couleurs, etc.
Un manuel original, d'application immédiate, se terminant par un **important répertoire thérapeutique de 93 affections courantes** pouvant être efficacement traitées par la chromothérapie.

Dans la même collection :

Georges FAURE

les métaux pour votre santé

Traité de métallothérapie externe et interne : bracelets de cuivre, oligothérapie, sels de Schussler, homéopathie, magnétothérapie...

Format 13,5 × 18 ; 160 pages ; illustré ; 18e mille.

Sodium, potassium, calcium, magnésium, fer, zinc, cuivre, manganèse... autant de métaux dont le rôle est très important dans l'organisme et, par conséquent, pour notre santé.
Ce **traité de métallothérapie** nous initie, tout d'abord, à la connaissance générale des métaux : structure, classification, énergie, aspect symbolique, conception alchimique et anthroposophique, états ionique, colloïdal et cristallin, sels métalliques, complexes organo-métalliques, sources, etc. Ensuite, par de grands tableaux, il nous indique **leur répartition dans chaque aliment et en quelles quantités,** ce qui nous concerne directement au travers de notre alimentation quotidienne.
Puis il passe en revue, métal par métal, les **actions biologiques** de chacun, en indiquant leurs **symptômes de carence ou d'excès.**
La deuxième partie traite de l'**usage thérapeutique des métaux,** tant par VOIE EXTERNE (**bracelets de cuivre** avec leurs diverses possibilités d'action et les résultats d'expérimentations cliniques, métallothérapie galvanique, ionisation, magnétothérapie) que par VOIE INTERNE (oligothérapie, homéopathie, sels de Schussler, lithothérapie, médecine anthroposophique, solutés injectables, compléments alimentaires, eaux minérales et dynamisées).
Il se termine enfin par un important **répertoire thérapeutique de 130 affections courantes** permettant de savoir immédiatement quels sont les métaux les plus utilisés dans chaque cas, et sous quelle forme ils sont disponibles.